Manon Fleury

CEREALES

Las recetas de una chef comprometida

Textos de Camille Oger
Fotografías de Pauline Gouablin
Ilustraciones de Aleksandra Miletić

cincotintas

Contenidos

Los cereales de Manon Fleury

Todos hemos oído, en repetidas ocasiones y especialmente durante los últimos años, que la alimentación ideal debería ser sana y equilibrada. Pero en la época del «sin» –sin gluten, sin azúcar, sin proteínas animales, etc.–, de imperativos contradictorios y de placeres culpables, a veces cuesta recordar qué significa exactamente una dieta sana y equilibrada y cómo debe ser una buena comida.

Desde que es chef, Manon Fleury se esmera por aproximarse a esa cocina ideal, llena de buen gusto y de sentido común. Desde sus comienzos, en sus platos se encuentra –siempre realzado, jamás en un segundo plano– algo exquisito y nutritivo que nos llena de alegría y de placer, algo que nos asombra, aunque pensábamos que lo conocíamos a la perfección, algo que nos da energía para todo el día sin resultar pesado: los cereales.

Al seleccionarlos con tanto mimo, al ir variando constantemente (¿alguien sabía que existen tantos cereales distintos y que se pueden cocinar de tantas maneras?), al dedicarles tanta atención y tanto amor como a las verduras, la carne y el pescado, Manon regresa a lo esencial, a aquello que constituye la base de la alimentación desde que el ser humano se volvió sedentario. Sin la sólida base común de los cereales, ancestral y adaptada con brillantez a las necesidades de nuestro organismo, ¿cómo pretendemos alcanzar el equilibrio?

Los cereales, grandes olvidados de la cocina

Por extraño que pueda parecer, los cereales –pilares de la civilización, alimentos esenciales y milenarios– son los grandes olvidados de la alta gastronomía. «Cuando empecé a trabajar como cocinera en grandes restaurantes franceses, nunca había cereales. Había pasta y arroz, a lo sumo, pero nada más», recuerda Manon. ¿Acaso no se consideraban suficientemente nobles porque eran demasiado baratos? «Incluso los chefs que han apostado por la cocina vegetariana, como Alain Passard, siguen haciendo hincapié en las verduras, no en los cereales».

Fue en el extraordinario restaurante del visionario Dan Barber, el Blue Hill, situado en Stone Barns, en el estado de Nueva York, un restaurante-granja con dos estrellas Michelin, donde Manon redescubrió los cereales que ya conocía y descubrió muchos otros, en su mayoría antiguos y olvidados. Los vio crecer, aprendió a prepararlos, a sacar lo mejor de ellos y a elaborar toda clase de recetas: esponjosas, crujientes, untuosas, dulces, saladas... Observando a Manon, te das cuenta de que todo es posible con los cereales, siempre que no te empeñes en hervir sistemáticamente los granos y dejar que formen un bloque pastoso en un colador, antes de servirlos con un poco de sal y de mantequilla.

«Para mucha gente, los cereales constituyen un mundo nuevo, a veces difícil de comprender, y no siempre son alimentos fáciles de cocinar en el día a día. Hasta se consideran un ingrediente bastante soso e insípido, incluso un poco triste», se lamenta. Sin embargo, basta con algunos trucos al alcance de todo el mundo para acceder a un universo de texturas y de sabores insospechados y, al mismo tiempo, muy familiares.

Los cereales tienen la particularidad de que a menudo ya los conocemos, pero solo transformados, como en el caso del trigo sarraceno, el centeno o la avena. Su sabor nos resulta sumamente familiar, aunque jamás hayamos visto el producto en bruto; las texturas que se pueden conseguir con los cereales también nos despiertan recuerdos, pese a que no sepamos reproducirlas en la cocina. En otras ocasiones, se trata de cereales que desconocemos, como el amaranto, el *teff* o el *freekeh*, y aun así no nos resultan del todo extraños. Tenemos una sensibilidad especial –sorprendente y conmovedora, que deberíamos cultivar– para esos granos de formas, colores y tamaños variados.

A través de este libro, Manon devuelve los cereales al lugar que se merecen. No se trata de convertirlos en un simple acompañamiento, en una pobre guarnición que se añade al plato sin pensar. Tampoco se trata de aburrirse en la cocina con productos tan versátiles, sabrosos, nutritivos y llenos de alegría para quien sepa distinguirla. Si no es tu caso, estás de suerte, porque ese es el propósito de este libro.

Por una alimentación sostenible

Más allá de la buena cocina y de la buena comida, Manon es una chef comprometida, que no ha decidido publicar este libro porque sí. Lo explica perfectamente, con un tono digno de un manifiesto: «Para mí, los cereales no solo son un ingrediente útil y sabroso que descubrir. Se insertan en la reflexión que llevo a cabo para alcanzar una cocina más comprometida y sostenible. Porque, desde siempre, los cereales están en el centro de la tradición agrícola francesa y, de un tiempo a estar parte, en el centro de la transición energética y de la alimentación del futuro. Se distinguen por sus extraordinarias cualidades nutricionales y contribuyen a sustituir la proteína animal, cuyo impacto ecológico es demasiado fuerte como para ignorarlo.

»Así, pues, quisiera ir más lejos: pretendo encontrar la relación lógica y vital que existe entre la cocina y su otra cara, la producción agrícola. Me gustaría demostrar que los cereales no solo deben usarse para alimentar al ganado o como ingredientes ultrarrefinados en la industria agroalimentaria. No, a través de este libro, intento demostrar las virtudes que tiene el hecho de que transmitir las tradiciones agrícolas, así como los cuidados y la atención que le prestan los entregados productores. También quisiera demostrar hasta qué punto la tradición cerealista se integra en una cultura culinaria campesina rica, familiar y deliciosa.

»Este libro, pues, es una invitación alegre y cortés –¡pero firme!–, habida cuenta de que en el futuro los cereales resultarán imprescindibles. Por el bien de todos nosotros y del planeta, cada vez ocuparán un lugar más destacado en la alimentación. Este libro está dirigido a lectores sibaritas y conscientes de los cambios que se están produciendo, a lectores que, cotidianamente, cocinan de manera sencilla y respetuosa con el medio ambiente.

»Además, es una fuente de inspiración culinaria para todos aquellos que deseen aunar el sabor y la belleza. Pese a que los cereales se acostumbran a identificar con una cocina indigesta, se pueden elaborar platos más delicados y finos. La gran variedad de formas y colores de los cereales permiten reforzar el aspecto estético de los platos, algo que nos abre el apetito y que nos hace la boca agua. Me gustaría que los cereales acaben encontrando su lugar en la gastronomía francesa, al igual que la carne y las verduras.

»Así que os invito a seguirme, paso a paso, por este mundo tan generoso. Nos encontraremos con paisajes asombrosos, territorios honestos y francos y también recetas fáciles, exquisitas y sensibles. Con empatía y ternura, observaremos de cerca el mundo agrícola, desconocido para la mayoría. Y, a lo largo del camino, os descubriré mi cocina, que me alegra y me regocija, y que tanto deseo compartir con vosotros en estas páginas.»

Los nuevos productores de cereales a la antigua

En España, los cereales tienen profundas raíces en su historia agrícola y se asocian con las extensas tierras de cultivo que se encuentran a lo largo y ancho del país. En realidad, una parte sustancial de España está dedicada a la producción de cereales, con campos cerealeros dispersos por toda su geografía. Cada variedad de cereal tiene su propio carácter y requisitos específicos; afortunadamente, España cuenta con una amplia diversidad de suelos y climas que favorecen una gran variedad de cultivos en diversas regiones.

Según las últimas estadísticas, las principales regiones productoras de cereales en España son Castilla y León, Castilla-La Mancha, Andalucía y Aragón. Cada región tiene su especialidad o nicho en un mercado que ha sido revitalizado por la creciente demanda de consumidores cada vez más informados y exigentes. En la actualidad, se valora la diversidad en la producción, priorizando aspectos ecológicos y locales. Además, se ha generado un interés particular por los cereales antiguos, los productos sin gluten y los cereales o pseudocereales más recientes en esta región, como la quinoa, el mijo o el amaranto.

El trigo sarraceno, que a menudo se asocia con la región de Asturias, también se cultiva en otros lugares de España, como Galicia, Navarra y el País Vasco. El centeno tiene una larga tradición en el norte de España, especialmente en la región de Cantabria, pero también se encuentra en la Rioja y Navarra, entre otros lugares. La espelta, un cereal de origen mediterráneo, se produce en diversas regiones de España, incluidas Cataluña, Valencia y Murcia. En algunas zonas como Aragón, se ha comenzado a cultivar quinoa, mientras que en el Delta del Ebro se mantiene la tradición del cultivo del arroz.

En resumen, en España se encuentran una amplia variedad de cereales en diferentes regiones, lo que es una gran ventaja para la diversidad agrícola del país. Más allá de las marcas comerciales conocidas por el público en general, existen pequeños productores que se pueden descubrir a través de los mercados locales, tiendas ecológicas y plataformas en línea.

Recuperando las tradiciones de los cereales en España

El próximo paso, también para el gran público, será recuperar las tradiciones perdidas en España en lo que respecta a ciertos cereales que habían caído en el olvido, junto con sus sabores y las técnicas para prepararlos, a menudo muy ingeniosas y económicas. En este apasionante tema, aún queda mucho por investigar en el campo de la historia de la alimentación en nuestro país. Sin embargo, el objetivo no es quedarnos anclados en el pasado, sino mirar hacia el futuro; además, es importante encontrar nuevos usos tanto para los cereales autóctonos como para aquellos que han llegado de otras regiones. Esta es la oportunidad perfecta para aprovechar la extraordinaria variedad de productos que tenemos a nuestra disposición y «reinventar» los cereales del presente y del futuro en España.

Antes de que esta labor llegue al gran público, es responsabilidad de los agricultores generales, pasteleros y panaderos liderar este esfuerzo. Los primeros en involucrarse fueron los panaderos, lo cual tiene mucho sentido, ya que el grano es esencial en su oficio y es el corazón de su actividad. Los chefs, especialmente en la alta cocina, han estado un poco más rezagados en este proceso, quizás debido a la rigidez de sus propios códigos y tradiciones. En cuanto a la pastelería, aparte de los especialistas en productos sin gluten o veganos, y otros nichos de mercado, aún hay un largo camino por recorrer.

En resumen, la transición agrícola que ha comenzado, y en la que creen tanto los agricultores generales como los chefs locales, deberá contar con la colaboración de todos los profesionales de la alimentación en España para llegar finalmente a la mayoría de los consumidores. Será necesario redescubrir cómo conocer, trabajar, amar y transmitir el amor por los cereales cultivados con esmero y respeto en nuestro país. Este libro es un paso en esa dirección. ¡Ahora te toca a ti experimentar y participar en esta revalorización de los cereales!

Desayunos

Todos acostumbramos a desayunar cereales, sean corn flakes, muesli, granola, porridge, tostadas, biscotes, galletas, bollitos o cruasanes. Pero a menudo compramos productos industriales, muy procesados y llenos de azúcar.

Las siguientes recetas golosas, dulces o saladas (¡también se puede desayunar salado!), te permitirán ir variando los cereales que consumes por la mañana gracias a deliciosas *galettes*, panecillos y cuencos repletos de preparaciones crujientes o untuosas, sanas y caseras, para empezar el día con buen pie.

Bircher muesli con copos de mijo y frutos rojos

RECETA LABORIOSA
DESAYUNO
SIN GLUTEN

PREPARACIÓN: 15 min
REMOJO DE LOS CEREALES:
2 h mínimo / idealmente 12 h
COCCIÓN: 15 min
GRADO DE DIFICULTAD: fácil

PARA 6 PERSONAS

Ingredientes

EL PORRIDGE
• 100 g de copos de mijo
• 300 g de leche de avena (véase la receta en la p. 178)
• 30 g de pasas
• 20 g de semillas de lino
• 1 manzana
• 30 g de almendra blanca molida
• 1 cucharada de zumo de limón

LA COMPOTA DE FRUTOS ROJOS
• 100 g de frambuesas
• 100 g de arándanos
• 100 g de fresas
• 1 cucharada de azúcar de caña

EMPLATADO (OPCIONAL)
• unas hojas de shiso y/o de albahaca
• unos pétalos de malva

Descubrí el bircher muesli en el bufet libre de un hotel. Me pareció una receta perfecta para el desayuno, infinitamente mejor que el pan con mantequilla y mermelada, que es un poco indigesto. He sustituido los copos de avena de la receta tradicional por copos de mijo, que no llevan gluten y, además, creo que tienen un sabor más refinado.

La víspera

Pon en remojo los copos de mijo en la leche de avena, junto con las pasas y las semillas de lino. Guarda esta preparación en la nevera 12 horas.

El mismo día

LA COMPOTA DE FRUTOS ROJOS

En una sartén, mezcla los frutos rojos con el azúcar. Pon la tapa y cuécelo a fuego suave unos 10 minutos.

Quita la tapa y cuela el jugo con un colador fino. Reserva los frutos rojos en un bol y reduce el jugo. Los frutos rojos deben estar hechos, pero no reducidos a compota.

Cuando el jugo adquiera una consistencia melosa, viértelo sobre los frutos rojos y deja que se enfríe. Puedes preparar esta mezcla la víspera y guardarla en la nevera 3 días.

EL BIRCHER MUESLI

Pela la manzana. Rállala toda, menos el corazón y las semillas. Añade la manzana rallada, el zumo de limón y las almendras ligeramente picadas a la mezcla de copos de mijo rehidratados.

EMPLATADO

Sírvelo en cuencos, decorado con unas hojitas de shiso y/o de albahaca picadas y unos pétalos de malva, si lo deseas.

Panecillos de harina de maíz al vapor

RECETA RÁPIDA
DESAYUNO
CON GLUTEN

PREPARACIÓN: 15 min
COCCIÓN: 12 min
GRADO DE DIFICULTAD: medio

PARA 6 PERSONAS O 12 PANECILLOS

Ingredientes

- 500 g de harina de maíz
- 125 g de harina de trigo T65
- 2 cucharadas de levadura
- 2 pellizcos de sal fina
- 7 huevos
- 100 ml de agua
- 75 ml de leche entera
- 250 ml de aceite de oliva

Esta receta la elaboré con la chef Laurène Barjhoux, mi segunda de a bordo, a partir de la fabulosa harina de maíz de Philippe Guichard. La cocción al vapor aporta esponjosidad y humedad a los panecillos.

Mezcla las dos harinas, la levadura y la sal. En otro recipiente, casca los huevos y bátelos. Añade progresivamente los huevos a la mezcla de harinas con una espátula de madera. Poco a poco, removiendo con una varilla, vierte el agua, la leche y el aceite de oliva. Sigue batiendo hasta obtener una mezcla homogénea.

Reparte la mezcla entre 12 moldes individuales (del tamaño de los moldes de magdalenas) o entre moldes individuales que quepan en la vaporera de bambú, en la vaporera o en el horno de vapor. A falta de espacio o de moldes, puedes hacer dos hornadas.

Cuece los panecillos al vapor 12 minutos. Puedes comprobar el punto de cocción clavando un cuchillo fino en el centro de un panecillo: la hoja debe salir seca.

Idealmente, los panecillos se comen calientes. ¡Son el acompañamiento ideal de desayunos dulces o salados!

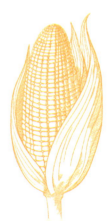

Basbusa con agua de azahar

Este bizcocho típico de Oriente Medio es extraordinariamente esponjoso y dulce: está impregnado de sirope y se puede aromatizar de muchas maneras distintas. Esta versión, que perfeccioné con mi antiguo segundo de a bordo Johann Barichasse, puede acompañarse con frutos rojos o confitados y un poco de yogur como desayuno, postre o merienda.

RECETA RÁPIDA
DESAYUNO
CON GLUTEN

PREPARACIÓN: 20 min
COCCIÓN: 35 min
GRADO DE DIFICULTAD: medio

PARA UN MOLDE CUADRADO DE 18 CM DE LADO

Ingredientes

EL ALMÍBAR
- 180 g de azúcar blanco
- 250 ml de agua
- la ralladura de 1 naranja
- la ralladura de 1 limón
- 3 cucharadas de agua de azahar

EL BIZCOCHO
- 100 g de sémola fina de trigo duro
- 90 g de harina de trigo T65
- 35 g de almendra molida
- 12 g de levadura
- 3 huevos
- 130 ml de zumo de naranja
- 60 g de azúcar
- 100 g de mantequilla

Precalienta el horno a 180 °C.

EL ALMÍBAR

En una olla pequeña, calienta a fuego suave el azúcar con el agua hasta que empiece a burbujear. Reduce el almíbar a un tercio. Retíralo del fuego y añade la ralladura de naranja y de limón. Deja que se enfríe. Una vez que el almíbar esté frío, añade el agua de azahar.

EL BIZCOCHO

En un bol grande, mezcla todos los ingredientes secos menos el azúcar. En otros dos recipientes, casca los huevos, separando las claras de las yemas. Bate las yemas con el zumo de naranja y el azúcar. Añade esta preparación a los ingredientes secos y mézclalo; a continuación, derrite la mantequilla e incorpórala. Mézclalo bien hasta obtener una textura homogénea. Monta las claras a punto de nieve y añádelas delicadamente a la preparación principal. Cubre el molde con papel de horno y vierte la masa. Hornéalo 35 minutos, hasta que la superficie adquiera un color tostado anaranjado y, al clavar un cuchillo, la hoja salga limpia. Una vez cocido el bizcocho, empápalo con el almíbar frío. Deja que el bizcocho lo absorba en el interior del horno apagado.

PRESENTACIÓN

Este bizcocho es delicioso para desayunar, tal cual, pero también es perfecto para merendar, acompañado de una cucharada de nata montada, de una ensalada de frutas o incluso de una bola de helado.

Porridge de amaranto, pera y semillas de calabaza

RECETA RÁPIDA
DESAYUNO
SIN GLUTEN

PREPARACIÓN: 15 min
REMOJO DE LOS CEREALES:
2 h mínimo / idealmente 12 h
COCCIÓN: 15 min
GRADO DE DIFICULTAD: fácil

PARA 6 PERSONAS

Ingredientes

EL PORRIDGE
• 1 pera
• 180 g de amaranto
• 270 ml de leche de almendras
• 1 cucharada de miel
• 40 g de crema de almendras
• 1 cucharada de zumo de limón

LOS «TOPPINGS»
• 1 pera
• 30 g de semillas de calabaza
• la ralladura de 1 limón
• 1 cucharada de miel
• unas hojas de menta fresca

De entrada, no resulta muy apetecible cocinar el amaranto, un cereal que puede parecer un poco soso, seco y harinoso. Sin embargo, la leche y la crema de almendras le aportan dulzura y untuosidad. Este porridge de textura suave, con un toque crujiente de las semillas de calabaza y la deliciosa acidez del limón, es el desayuno ideal para los primeros días de otoño.

La víspera
Pon en remojo los copos de amaranto en la leche de almendras en la nevera 12 horas.

El mismo día

EL PORRIDGE
Pela la pera y córtala en dados. En una olla, vierte el amaranto y la leche de almendras, junto con la miel y los dados de pera.
Cuécelo a fuego suave sin dejar de remover con una varilla unos 10 minutos. Poco antes del final de la cocción, añade la crema de almendras y el zumo de limón, sin dejar de remover.
Una vez cocido el amaranto, apaga el fuego.

LOS «TOPPINGS»
Pela la pera y córtala en láminas. En una sartén, tuesta ligeramente las semillas de calabaza a fuego suave unos minutos.

EMPLATADO
Sirve el porridge bien caliente en cuencos.
Añade la pera, la ralladura de limón, la miel, las semillas de calabaza aún tibias y unas hojas de menta.

Crepes de trigo sarraceno con miel

En Francia, las crepes de trigo negro (las *galettes*) acostumbran a ser un plato salado. Como me encanta el trigo sarraceno, he querido introducirlo en una receta para el desayuno. Lo he acompañado de miel, que encaja a la perfección con el sabor tostado del trigo sarraceno.

RECETA RÁPIDA
DESAYUNO
SIN GLUTEN

PREPARACIÓN: 20 min
REPOSO: 3 h mínimo / idealmente 12 h
COCCIÓN: 10 min
GRADO DE DIFICULTAD: fácil

PARA 6 PERSONAS (UNAS 12 CREPES)

Ingredientes

- 500 g de harina de trigo sarraceno
- 1,5 l de agua
- 1 pellizco de sal
- 2 huevos
- aceite de girasol (para la cocción)
- 2 cucharadas de miel
- ½ limón

La víspera

Mezcla la harina de trigo sarraceno, 1 l de agua y la sal hasta obtener un pedazo de masa dúctil que puedas trabajar con las manos. En la superficie deben aparecer unas burbujas.

Una vez que la masa sea homogénea, añade los huevos, vuelve a mezclar y deja reposar la masa en la nevera al menos 3 horas e idealmente 12 horas.

Al día siguiente, añade el medio litro de agua restante y, si es posible, saca la masa de la nevera al menos 1 hora antes de cocer las crepes. Debe estar a temperatura ambiente.

COCINAR LAS CREPES

Calienta a fuego medio una sartén antiadherente con un poco de aceite de girasol esparcido con un pincel. Vierte un cucharón pequeño de la masa de crep, repártela bien y dora la primera cara. Dale la vuelta a la crep, deja que se dore 30 segundos y ponla en un plato.

Tapa las crepes con otro plato para que no se enfríen.

PRESENTACIÓN

Unta las crepes con miel, añade un chorrito de zumo de limón y enróllalas. Puedes comértelas con las manos, por supuesto, o de manera más formal, con cubiertos.

Scones de harina de arroz con pasas

RECETA RÁPIDA
DESAYUNO
SIN GLUTEN

PREPARACIÓN: 20 min
COCCIÓN: 12 min
GRADO DE DIFICULTAD: fácil

PARA 6 PERSONAS

Ingredientes
• 500 g de harina de arroz
• 2 cucharadas de azúcar
• 2 cucharadas de levadura
• 110 g de mantequilla semisalada
• 300 ml de leche entera o de leche vegetal
• 1 puñado de pasas
• 1 puñado de avellanas picadas
• 1 huevo para dorar

Esta receta asombrosamente sencilla y rápida de preparar no lleva gluten, gracias a la harina de arroz. Sin embargo, esta tiene sus limitaciones, en especial, el hecho de que apenas sube. Las pasas y las avellanas aportan esponjosidad y humedad a los scones.

Precalienta el horno a 190 ºC. Mezcla la harina, el azúcar y la levadura. Añade la mantequilla en daditos y mezcla con los dedos para incorporarla. Templa la leche e incorpórala, así como las pasas y las avellanas picadas. Mézclalo todo hasta obtener una masa homogénea. No debe pegarse. Si es necesario, añade un poco de harina.
Esparce la masa con un grosor de 3 centímetros y corta círculos de unos 5 centímetros de diámetro con la ayuda de un molde cortagalletas. Coloca los círculos en una bandeja para el horno cubierta con papel de horno, tratando de dejar espacio entre ellos porque se hincharán. Unta bien los scones con un poco de yema de huevo para que se doren durante la cocción. Hornéalos unos 12 minutos aproximadamente.
Puedes comprobar que estén bien hechos clavando la hoja de un cuchillo en un scone: si sale limpia, significa que están hechos. Sírvelos tibios, con un poco de mantequilla y mermelada.

Granola de trigo sarraceno

RECETA RÁPIDA
DESAYUNO
SIN GLUTEN

PREPARACIÓN: 10 min
COCCIÓN: 20 min
GRADO DE DIFICULTAD: fácil

PARA 6 PERSONAS

Ingredientes
• 100 g de copos de trigo sarraceno
• 100 g de trigo sarraceno tostado (*kasha*)
• 60 g de miel líquida
• el zumo de 1 naranja
• la ralladura de 1 naranja

Por sorprendente que parezca, preparar granola casera es bastante fácil y rápido. Esta sencillísima receta es una base equilibrada y nada indigesta para empezar bien la jornada. Pero si deseas añadirle semillas o frutos secos, ¡adelante!

Precalienta el horno a 150 ºC. En un bol grande, mezcla los copos de trigo sarraceno, el trigo sarraceno tostado, la miel, el zumo y la ralladura de naranja. Tuéstalo en el horno 10 minutos. Remuévelo según la textura que desees (cuanto más remuevas, más desmenuzado quedará) y vuelve a meterlo en el horno 10 minutos más.
Si dejas enfriar la granola en la bandeja del horno a temperatura ambiente, será más crujiente. Sírvela en cuencos con yogur o guárdala en un tarro hermético para el próximo desayuno, para merendar o incluso para decorar un postre.

Bollo de harina de trigo integral

RECETA LABORIOSA
DESAYUNO
CON GLUTEN

PREPARACIÓN: 20 min
REPOSO: 2-3 h
COCCIÓN: 30 min
GRADO DE DIFICULTAD: medio

PARA 6 PERSONAS

Ingredientes

LA MASA DEL BOLLO

• 125 g de harina de trigo integral T110
• 125 g de harina de trigo T45
• 100 g de mantequilla semisalada en punto de pomada
• 30 g de miel de castaño u otra miel
• 3 huevos enteros
• 300 ml de leche
• 10 g de levadura fresca de panadería
• 5 g de sal

LA DORADURA

• 1 huevo

La harina integral es difícil de usar en pastelería. He encontrado un buen equilibrio mezclando a partes iguales harina integral y harina T45, dado que así la preparación sube bien. En esta receta, la miel de castaño resalta el ligero sabor a avellanas de la harina integral.

LA MASA DEL BOLLO

En el vaso de una batidora potente, pon las harinas, la mantequilla, la miel y los huevos batidos. Mézclalo bien con la pala.

Aparte, mezcla la leche con la levadura fresca. Añádelo al vaso de la batidora y después incorpora la sal. Mézclalo todo con el gancho amasador durante 8 minutos a velocidad media y después durante 8 minutos a velocidad alta, hasta que la masa se despegue.

Forma una bola con la masa, colócala en un bol grande y tápala con un trapo limpio. Guarda el bol en la nevera y deja que la masa repose 1 hora.

Saca la masa de la nevera, divídela en 3 pedazos de pasta y forma 3 bolas, alisando la masa hacia abajo.

Unta con mantequilla y harina un molde redondo alto y coloca las 3 bolas de masa. Deja que suban al menos 2 horas a una temperatura de entre 25 y 30 °C. La masa debe sobresalir por los bordes del molde.

Precalienta el horno a 160 °C. Cuando la masa prácticamente haya alcanzado los bordes del molde, úntala con huevo batido.

Hornéala 30 minutos. El bollo debe subir y adquirir un color dorado. Clávale un cuchillo pequeño: si la hoja sale seca, significa que por dentro está cocido.

Saca el bollo del horno y deja que se enfríe. Si lo deseas, puedes servirlo con un poco de mantequilla salada y miel de castaño.

Ensaladas

Cualquier cereal encaja con una ensalada, sea de entrante o como plato principal. De hecho, esa es una de las maneras más sencillas de cocinar y aderezar los cereales, tanto en platos vegetarianos y veganos como omnívoros, en todas las estaciones del año.

Los cereales aportan a las ensaladas una agradable consistencia y un delicioso sabor, al mismo tiempo que enriquecen su valor nutricional. Además, en momentos de pereza, las ensaladas permiten usar las sobras de cereales hervidos el día anterior.

Ensalada de espelta pequeña, perejil, nueces y albaricoques

Aprovecha el dulzor de la fruta fresca del verano para preparar esta ensalada con tantas texturas distintas: la esponjosidad de la espelta pequeña, la cremosidad de las nueces tostadas, el frescor de los albaricoques y el toque crujiente de las nueces troceadas. En invierno se puede elaborar con albaricoques secos rehidratados.

La víspera
Pon en remojo la espelta pequeña en abundante agua, a temperatura ambiente, entre 2 y 12 horas.

El mismo día
LA ESPELTA PEQUEÑA
Lava con abundante agua la espelta pequeña remojada y escúrrela. En una olla con el agua fría, cuécela unos 15 minutos. Al final de la cocción, añade sal. La espelta pequeña debe quedar blanda, pero sin perder la firmeza.

EL ACEITE DE NUECES
Precalienta el horno a 150 ºC. Esparce las nueces en una bandeja para el horno y tuéstalas unos 10 minutos. Deben quedar ligeramente doradas. Deja que se enfríen a temperatura ambiente. Reserva la mitad para la ensalada. Tritura la otra mitad con un pellizco de sal, añadiendo poco a poco el aceite de girasol desodorizado.

LA ENSALADA DE ESPELTA PEQUEÑA
Trocea un poco la otra mitad de las nueces. Corta los albaricoques en daditos. Pica las hojas de perejil, una vez cortados los tallos. Reserva los tres ingredientes por separado.

LA VINAGRETA
Deshuesa los albaricoques. Tritúralos con el vinagre de sidra, la sal, la pimienta negra y el aceite de nueces.

EMPLATADO
Mezcla todos los elementos de la ensalada. Añade la vinagreta de albaricoques y emplátalo: al fondo del plato, pon el aceite de nueces, y a un lado, la ensalada de espelta pequeña.
Con un rallador de mano, ralla media nuez encima de cada porción de ensalada. Decórala con un poco de perejil picado y, si lo deseas, con unos pétalos de clavelón.

RECETA RÁPIDA
ENSALADA
CON GLUTEN

PREPARACIÓN: 25 min
REMOJO DE LOS CEREALES:
2 h mínimo / idealmente 12 h
COCCIÓN: 15 min
GRADO DE DIFICULTAD: medio

PARA 6 PERSONAS

Ingredientes

LA ENSALADA DE ESPELTA PEQUEÑA
• 200 g de espelta pequeña
• 600 ml de agua
• 50 g de nueces
• 150 g de albaricoques frescos (en invierno, se pueden sustituir por albaricoques secos rehidratados 2 horas con agua templada)
• ½ manojo de perejil

EL ACEITE DE NUECES
• 150 g de nueces
• 25 ml de aceite de girasol desodorizado
• 1 pellizco de flor de sal
• 25 ml de aceite de nueces

LA VINAGRETA
• 100 g de albaricoques frescos muy maduros (en invierno, se pueden sustituir por albaricoques secos rehidratados 2 horas con agua templada)
• 2 cucharadas de vinagre de sidra
• 3 cucharadas de aceite de nueces
• sal fina
• pimienta negra recién molida

EMPLATADO
• 6 mitades de nueces (3 nueces peladas)
• ¼ de manojo de perejil
• unas cuantas flores de clavelón (opcional)

Ensalada de *freekeh*, tomates y albahaca

Esta ensalada recuerda un poco al tabulé, pero tiene un aroma distinto. El *freekeh* le da unas notas tostadas y ahumadas, mientras que los tomates cherry aportan un toque dulce y la albahaca fresca, un delicioso sabor a verano.

RECETA RÁPIDA
ENSALADA
CON GLUTEN

PREPARACIÓN: 10 min
REMOJO DE LOS CEREALES:
2 h mínimo / idealmente 12 h
REPOSO: 10 min
COCCIÓN: 15 min
GRADO DE DIFICULTAD: fácil

PARA 6 PERSONAS

Ingredientes
- 300 g de *freekeh*
- 600 ml de agua
- 18 tomates cherry
- ½ manojo de albahaca
- ½ manojo de perejil
- ½ manojo de cilantro
- 2 cucharadas de vinagre de sidra
- 3 cucharadas de aceite de oliva
- sal y pimienta negra

La víspera
Pon en remojo el *freekeh* en abundante agua, a temperatura ambiente, entre 2 y 12 horas.

El mismo día
Lava el *freekeh* con abundante agua. En una sartén, tuesta ligeramente el *freekeh* a fuego suave 5 minutos, para que desprenda su aroma ahumado. A continuación, añade el agua fría y hiérvelo a fuego muy suave 10 minutos.

EL ADEREZO
Mientras tanto, parte los tomates cherry por la mitad.
Corta el tallo de las hierbas aromáticas y pica las hojas. Reserva algunas hojas de albahaca enteras para el emplatado.

EL *FREEKEH*
Al final de la cocción, añade un poco de sal y retíralo del fuego una vez hecho. Tápalo y déjalo reposar al menos 10 minutos, hasta que se hinche. Deja que se enfríe.

LA VINAGRETA
Prepara la vinagreta mezclando el vinagre de sidra, el aceite de oliva, la sal y la pimienta negra.

EMPLATADO
Mezcla el *freekeh* frío, los tomates cherry, las hierbas aromáticas picadas y la vinagreta. Si es necesario, rectifica el aderezo.
Sirve la ensalada en platos hondos.
Añade unas gotas de aceite de oliva y unas hojas de albahaca.

Pepino perfumado
con verbena y caldo de cebada

Esta ensalada crujiente, fresca y elegante es ideal cuando suben las temperaturas. Una receta perfecta como entrante o para refrescar el paladar entre dos platos.

RECETA RÁPIDA
ENSALADA
CON GLUTEN

PREPARACIÓN: 20 min
REMOJO DE LOS CEREALES:
2 h mínimo / idealmente 12 h
COCCIÓN: 15 min
GRADO DE DIFICULTAD: medio

PARA 6 PERSONAS

Ingredientes

EL CALDO DE CEBADA
• 100 g de cebada perlada
• 1 l de agua

EL ACEITE DE VERBENA
• 100 ml de aceite de pepitas de uva
• ½ manojo de verbena fresca o seca

EL PEPINO
• 2 pepinos medianos
• 2 cucharadas de zumo de limón
• 2 cucharadas de aceite de verbena
• sal y pimienta negra

EMPLATADO
• unas cuantas flores de malva
(opcional)

La víspera
Pon en remojo la cebada en abundante agua, a temperatura ambiente, entre 2 y 12 horas.

El mismo día
EL CALDO DE CEBADA
En una olla con el agua fría, hierve la cebada unos 15 minutos. Al final de la cocción, añade un pellizco de sal. La cebada debe quedar un poco demasiado hecha. Retírala del fuego y déjala enfriar en el agua de la cocción, que será el caldo de cebada. Guárdalo en la nevera.

EL ACEITE DE VERBENA
Calienta el aceite de pepitas de uva a 70 ºC. Viértelo sobre las hojas de verbena. Tápalo y deja que infusione al menos 10 minutos. Puedes preparar el aceite la víspera y guardarlo varios días en la nevera, sin quitar las hojas, así seguirán infusionándose, incluso en frío.

EL PEPINO
En lugar de pelar los pepinos, córtalos en láminas longitudinalmente con una mandolina o un pelador. Justo antes de servir la ensalada, extiende las láminas de pepino en un plato y sazónalas con el zumo de limón, el aceite de verbena, sal y pimienta negra.

EMPLATADO
En un plato hondo o un cuenco, coloca unas cuantas láminas de pepino enrolladas. Añade algunos granos de cebada con un poco del agua de cocción, unas gotas de aceite de verbena y algunos pétalos de malva.

Arroz rojo integral y col lombarda con una vinagreta

Esta ensalada es una mina de vitaminas y minerales; además, con su gama roja, púrpura y violeta, transmite un poco de alegría y de color en pleno invierno. Pero lo mejor es el contraste entre la textura crujiente de la col lombarda y la melosidad del arroz rojo, resaltado por un toque de mostaza.

La víspera

Pon en remojo el arroz rojo integral en abundante agua, a temperatura ambiente, durante 12 horas.

El mismo día

LA ENSALADA

Escurre y lava el arroz rojo integral. Viértelo en una olla con el agua fría y cuécelo a fuego suave unos 20 minutos. Una vez hervido, sazónalo y deja que se enfríe.

Mientras tanto, lava y corta la col lombarda en cuatro trozos. Con una mandolina o un cuchillo muy afilado, corta la col lombarda en láminas muy finas. No quites el corazón hasta el último momento, dado que así sujeta las hojas. Cuando llegues al corazón duro, aprovecha solo la parte más roja y tierna.

LA VINAGRETA

En un cuenco, mezcla la sal, el vinagre de sidra y la mostaza con una varilla o un tenedor. A continuación, emulsiónalo con el aceite de nueces.

EMPLATADO

Mezcla los trozos de col lombarda y el arroz rojo integral con la vinagreta. Sirve la mezcla en una ensaladera o en cuencos, enrollando la col lombarda sobre sí misma, como si fueran espaguetis.

RECETA RÁPIDA
ENSALADA
SIN GLUTEN

PREPARACIÓN: 20 min
REMOJO DE LOS CEREALES: 12 h
COCCIÓN: 20 min
GRADO DE DIFICULTAD: fácil

PARA 6 PERSONAS

Ingredientes

LA ENSALADA
· 180 g de arroz rojo integral
· 360 ml de agua
· 1 col lombarda
· sal

LA VINAGRETA
· sal
· 2 cucharadas de vinagre de sidra
· 1 cucharadita colmada de mostaza
· 4 cucharadas de aceite de nueces

Champiñones marinados con *kasha* y crema de trigo sarraceno

En esta receta, los champiñones se doran y enseguida se marinan con zumo de limón, que les da un toque ácido e intenso. El trigo sarraceno tostado en granos y en crema equilibra los sabores a la perfección.

RECETA RÁPIDA
ENSALADA
SIN GLUTEN

PREPARACIÓN: 20 min
COCCIÓN: 25 min
GRADO DE DIFICULTAD: medio

PARA 6 PERSONAS
Ingredientes

LA CREMA DE TRIGO SARRACENO
• 400 g de leche de avena (véase la receta de la p. 178)
• 100 g de trigo sarraceno tostado (*kasha*)
• sal y pimienta negra

LOS CHAMPIÑONES
• 18 champiñones grandes
• 3 cucharadas de aceite de oliva
• el zumo de 3 limones
• ½ manojo de verdolaga (o de perejil o cilantro)
• 30 g de trigo sarraceno tostado (*kasha*)
• la ralladura de 1 limón
• sal y pimienta negra

LA CREMA DE TRIGO SARRACENO

En una olla, vierte la leche y añade enseguida el trigo sarraceno; cuécelo a fuego suave unos 25 minutos, removiendo regularmente. Al final de la cocción, salpimiéntalo. Una vez cocido el trigo sarraceno, tritúralo. Si es necesario, rectifica el aderezo.

LOS CHAMPIÑONES

Con un cuchillo pequeño, corta el pie de los champiñones. Puedes aprovecharlos para preparar un caldo: basta con hervirlos con un poco de agua en una olla pequeña 10 minutos. Cuela el caldo, añade sal y resérvalo caliente.
Lava los sombreros de los champiñones, sumérgelos en agua fría y escúrrelos.
Sécalos con un trapo limpio.
Pon a calentar una sartén con aceite de oliva a fuego medio. Añade los sombreros de los champiñones, un pellizco de sal y dóralos por la parte redondeada. Cuando estén dorados y empiecen a soltar agua, retíralos del fuego y añade el zumo de limón, procurando que no salpique. Deja que se enfríen.

EMPLATADO

Corta el tallo de la verdolaga de tal manera que queden ramilletes y sumérgelos en agua fría con un poco de vinagre para quitar la tierra; sécalos. Puedes aderezar la verdolaga con un poco de sal, unas gotitas de zumo de limón y un chorrito de aceite de oliva.
En platos llanos, esparce crema de trigo sarraceno y añade encima tres sombreros de champiñones. Espolvoréalo con *kasha* (los granos pelados y tostados se pueden comer tal cual, sin remojarlos ni cocerlos) y con ralladura de limón. Por último, añade pimienta negra recién molida y algunas hojitas de verdolaga. Como guarnición, puedes servir una taza de caldo de champiñones.

Ensalada de bulgur, raíz de apio y pera con aceite de sésamo

El bulgur no solo es un ingrediente del tabulé, sino que con él se pueden preparar toda clase de ensaladas. En esta, su suavidad combina con el toque otoñal de la pera y la raíz de apio, una mezcla resaltada por una vinagreta muy sencilla a base de limón y sésamo.

RECETA RÁPIDA
ENSALADA
CON GLUTEN

PREPARACIÓN: 30 min
REMOJO DE LOS CEREALES:
2 h mínimo / idealmente 12 h
COCCIÓN: 15 min
GRADO DE DIFICULTAD: medio

PARA 6 PERSONAS

Ingredientes

LA ENSALADA DE BULGUR
- 300 g de bulgur
- 90 g de semillas de lino
- 750 ml de agua
- ½ limón
- ½ raíz de apio
- 1 pera
- sal

LA VINAGRETA
- 2 limones
- 4 cucharadas de aceite de sésamo
- 3 pellizcos grandes de alga nori en polvo (opcional)
- 20 g de semillas de sésamo blanco

La víspera
Pon en remojo, por separado, el bulgur y las semillas de lino en abundante agua, a temperatura ambiente, durante 12 horas.

El mismo día

EL BULGUR
En una olla con el agua fría, hierve el bulgur unos 10 minutos. Al final de la cocción, añade un pellizco de sal. El bulgur debe quedar esponjoso. Apartado del fuego, déjalo reposar 10 minutos.

LA GUARNICIÓN
Corta el limón en rodajas finas y quita las semillas.
Pela y lava la raíz de apio. Córtalo en daditos y cuécelo con las rodajas de limón, un pellizco de sal y un poco de agua, a fuego suave, unos 15 minutos. Los dados de raíz de apio deben quedar melosos.
Pela la pera y córtala en daditos del mismo tamaño que los de raíz de apio.

LA VINAGRETA
Exprime los limones. Mezcla el zumo de limón, el aceite de sésamo y el alga nori en polvo.

EMPLATADO
En una sartén, a fuego muy suave, tuesta ligeramente las semillas de sésamo. Deja que se enfríen. Mezcla los daditos de raíz de apio con limón y los dados de pera, el bulgur, las semillas de lino y la vinagreta. Si es necesario, rectifica el aderezo.
Sírvelo en una ensaladera grande o en cuencos.

Tabulé de invierno

RECETA RÁPIDA
ENSALADA
CON GLUTEN

PREPARACIÓN: 15 min
COCCIÓN: 5 min
GRADO DE DIFICULTAD: fácil

PARA 6 PERSONAS

Ingredientes
- 150 g de sémola de trigo integral
- 4 cucharadas de aceite de oliva
- 300 ml de agua
- 1 manojo de perejil
- 1 manojo de cilantro
- el zumo de 1 limón
- sal

Esta versión invernal del tabulé no lleva tomate ni otros ingredientes estivales. Sin embargo, es muy rica en vitaminas y minerales, que te permitirán conservar la vitalidad durante la estación fría. Además, la sémola de trigo integral presenta numerosas ventajas respecto a la sémola de trigo tradicional.

Vierte la sémola de trigo en una ensaladera, añade 2 cucharadas de aceite de oliva y un pellizco de sal y mézclalo bien con las manos o con un tenedor.
Hierve el agua y viértela encima de la sémola. Tápala y deja que la sémola se hinche entre 5 y 10 minutos.
Mientras tanto, corta las hojas de perejil y de cilantro y pícalas.
Quita la tapa de la sémola y, con un tenedor, separa los granos.
Sazona la sémola con el zumo de limón y otras 2 cucharadas de aceite de oliva. Añade las hierbas aromáticas, mézclalo todo bien y, si es necesario, rectifica el aderezo.
Sírvelo en platos hondos o en una ensaladera.

Ensalada de quinoa, arándanos, melocotón y menta

RECETA RÁPIDA
ENSALADA
SIN GLUTEN

PREPARACIÓN: 30 min
COCCIÓN: 15 min
GRADO DE DIFICULTAD: medio

PARA 6 PERSONAS

Ingredientes

LA QUINOA
- 300 g de quinoa roja
- 600 ml de agua
- sal

LA COMPOTA DE ARÁNDANOS
- 200 g de arándanos
- 50 g de azúcar blanco

LA GUARNICIÓN
- 1 melocotón
- el zumo de 1 limón
- ¼ de manojo de menta

LA VINAGRETA
- 2 cucharadas de zumo de arándanos (sacado de la compota de arándanos)
- 2 cucharadas de zumo de limón
- 3 cucharadas de aceite de oliva
- sal y pimienta

La ensalada de quinoa se ha convertido en un clásico. Sin embargo, creo que a menudo falla el aderezo o la guarnición de la quinoa, que queda sosa y aburrida. Me gusta cocinar la fruta como si fuera verdura y añadirla a las ensaladas, porque le aportan jugosidad, una acidez perfecta y aromas perfumados.

LA QUINOA
En una olla con el agua fría, hierve la quinoa roja entre 10 y 15 minutos. Al final de la cocción, añade un pellizco de sal. La quinoa debe quedar bastante crujiente. Escúrrela y guárdala en la nevera. Este paso de la receta se puede adelantar la víspera.

LA COMPOTA DE ARÁNDANOS
En una olla, mezcla los arándanos con el azúcar. Cuécelo a fuego suave, con la tapa puesta, 10 minutos. Quita la tapa, cuélalo y reserva los arándanos. Reduce el zumo hasta que tenga la textura de un almíbar. Una vez que el almíbar esté en su punto, viértelo sobre los arándanos. Deja que la mezcla se enfríe y guárdala en frío.

LA GUARNICIÓN
Corta el melocotón en dados. Empápalos con el zumo de limón. Corta las hojas de menta y pica la mitad. Guarda el resto de hojas para el emplatado.

LA VINAGRETA
Mezcla todos los ingredientes y salpimiéntalo.

EMPLATADO
Mezcla la quinoa, la compota de arándanos, el melocotón, la vinagreta y la menta picada.
Sírvelo en cuencos o en una ensaladera.

Entrantes marineros

En Francia, la mezcla de cereales y de productos del mar, especialmente crudos, no es muy habitual. Aparte del pan de centeno, que se acostumbra servir con las ostras y el marisco, los sabores de mar se suelen mezclar con patatas. Sin embargo, el tándem mar-cereales tiene una larga tradición en España y en Extremo Oriente: los ejemplos más famosos son la paella y el sushi, por supuesto.

Los cereales, sean en forma de caldo, enteros, en crema o en pesto, encajan de maravilla en estas recetas elegantes de pescado y marisco, que se pueden degustar como entrante o como tapas.

Atún rojo con amaranto y ciruelas marinadas

Si se come crudo, el atún rojo fresco tiene un sabor bastante dulce que casa de maravilla con las ciruelas muy maduras. Los aromas vegetales e incluso ligeramente tostados del amaranto aportan equilibrio a la receta, en forma de crema y de delicados granos crujientes.

PREPARACIÓN: 25 min
TIEMPO DE MARINADA: 15 min
COCCIÓN: 5 min
GRADO DE DIFICULTAD: medio

PARA 6 PERSONAS

Ingredientes

LAS CIRUELAS
• 6 ciruelas amarillas de la variedad Reina Claudia muy maduras
• 6 ciruelas moradas de la variedad Quetsche de Alemania muy maduras
• 2 pellizcos de sal
• 2 pellizcos de azúcar

EL AMARANTO
• 60 g de amaranto rojo o blanco
• 90 ml de agua para cada cocción

LA CREMA DE AMARANTO
• 100 g de amaranto blanco
• 150 ml de agua

EL ATÚN
• 600 g de atún rojo en filete

EL ADEREZO DEL ATÚN
• 2 cucharadas de zumo de ciruelas
• 3 cucharadas de vinagre de sidra
• 6 cucharadas de aceite de oliva
• sal y pimienta negra

LAS HIERBAS AROMÁTICAS
• algunas hojas de amaranto rojo
• ¼ de manojo de menta

LAS CIRUELAS
Parte las ciruelas por la mitad y deshuésalas. Colócalas en un plato y espolvoréalas con sal y azúcar. Deja que se marinen 15 minutos a temperatura ambiente. Cuando hayan desprendido jugo, escúrrelas con un colador fino. Reserva el jugo. Corta las mitades de ciruela por la mitad para obtener cuartos.

EL AMARANTO
En dos ollas distintas, cuece el amaranto rojo y el blanco con la cantidad de agua indicada en el paquete durante 5 minutos. Al final de la cocción, añade un pellizco de sal. Retira el amaranto del fuego y déjalo reposar 5 minutos, con la tapa puesta.
Tritura el amaranto destinado a la crema; si hace falta, añade un poco de agua para que la textura sea homogénea. Si es necesario, rectifica el aderezo.

EL ATÚN
Corta el atún en dados de unos 2-3 cm. Mezcla el jugo de ciruelas, el vinagre de sidra y el aceite de oliva. Salpiméntalo a tu gusto. Mezcla los dados de atún con la salsa anterior y el amaranto en grano.

EMPLATADO
En cuencos o en platos, esparce la crema de amaranto. Añade la mezcla de atún y de granos de amaranto, algunos cuartos de ciruela, y hojas de menta y amaranto fresco.

RECETA RÁPIDA
ENTRANTE MARINERO
CON GLUTEN

PREPARACIÓN: 30 min
REMOJO DE LOS CEREALES:
2 h mínimo / idealmente 12 h
MARINADA: 5 min
COCCIÓN: 5 min
GRADO DE DIFICULTAD: medio

PARA 6 PERSONAS

Ingredientes

EL ACEITE DE HOJAS DE CAPUCHINA
• 150 ml de aceite de girasol
desodorizado
• 2 manojos de hojas de capuchina
(o de perejil o cilantro)

LA CREMA DE AVENA
• 100 g de copos de avena
• 250 ml de agua
• sal

LAS CABALLAS
• 720 g de filetes de caballa
(1 filete grande o 2 pequeños
por persona)
• el zumo de 2 limones
• 4 cucharadas de aceite de oliva
• sal

EMPLATADO
• 18 hojas de capuchina (o de perejil
o cilantro)

Caballa a la parrilla con crema de avena y aceite de hojas de capuchina

No siempre hace falta cocer los cereales: esa es la magia de los copos. Así, basta con rehidratar los copos de avena para elaborar una crema espesa que realza el pescado crudo, todavía rosado, del que apenas se ha tostado la piel.

La víspera
Pon en remojo los copos de avena en abundante agua, a temperatura ambiente, durante 12 horas.

El mismo día
EL ACEITE DE HOJAS DE CAPUCHINA
Cubre el interior de un chino con un trapo limpio o una gasa para filtrar el aceite. Coloca el recipiente donde caerá el aceite dentro de un bol lleno de agua fría con cubitos de hielo.
Calienta el aceite a 70 °C. Pon las hojas de capuchina, sin los tallos, en el vaso de una batidora de mano. Vierte encima el aceite a 70 °C. Tritúralo 2 minutos y cuélalo de inmediato con el chino. Es fundamental que el aceite se enfríe enseguida para que conserve el color verde.

LA CREMA DE AVENA
Tritura los copos de avena rehidratados con un pellizco de sal. Debes obtener una crema densa y homogénea. Si no es el caso, puedes añadirle un poco de agua.

LAS CABALLAS
Marina los filetes de caballa con el zumo de limón y el aceite de oliva 5 minutos para «cocer» ligeramente el pescado por medio de la acidez del limón. A continuación, seca los filetes con papel absorbente y tuesta ligeramente la piel del pescado con un soplete o en una parrilla muy caliente (barbacoa, plancha, etc.).
Los filetes de caballa deben quedar rosados.
Córtalos en 3 trozos con un corte un poco en diagonal.

EMPLATADO
En cada plato, sirve una cucharada de crema de avena templada. Añade los filetes de caballa, un chorrito del aceite verde y unas hojas de capuchina.

Ensalada de sepia cruda con zanahorias y quinoa roja

La sepia cruda no es dura ni correosa; por el contrario, tiene una textura maravillosamente firme, que cede enseguida al masticarla. En esta receta, la quinoa se mezcla con «tallarines» de sepia, aportando su textura crujiente.

RECETA RÁPIDA
ENTRANTE MARINERO
SIN GLUTEN

PREPARACIÓN: 30 min
COCCIÓN: 10 min
GRADO DE DIFICULTAD: medio

PARA 6 PERSONAS

Ingredientes
- 150 g de quinoa roja
- 250 ml de agua
- 6 zanahorias
- 2 sepias (en la pescadería, pide que le quiten la piel)
- 1 cucharada de pasta de pimientos picantes rojos de tipo harissa
- 4 cucharadas de aceite de oliva
- el zumo de ½ limón
- sal y pimienta negra

LA COCCIÓN DE LA QUINOA ROJA
En una olla con el agua fría, hierve la quinoa a fuego suave 10 minutos. Retírala del fuego enseguida, con la tapa puesta, y déjala reposar 10 minutos.

LAS ZANAHORIAS
Mientras tanto, pela y lava las zanahorias; luego córtalas en juliana.

LA SEPIA
Mientras la quinoa reposa, corta la sepia en forma de tallarines muy finos con un cuchillo bien afilado.

EN EL MOMENTO DE SERVIR
En un bol grande, mezcla la pasta de pimientos picantes, el aceite de oliva, la sal y la pimienta negra. Añade las zanahorias en juliana, los tallarines de sepia y la quinoa roja. Mézclalo todo bien.

EMPLATADO
Justo antes de emplatarlo, incorpora el zumo de limón y mezcla bien. Sirve la ensalada en cuencos o en platos hondos, enrollando los tallarines de sepia con la zanahoria y la quinoa roja por encima, formando una especie de nido.

Mejillones con espelta pequeña y tomates

Los mejillones quedan de maravilla con el punto rústico de la espelta pequeña; además, sus colores cálidos son característicos de la cocina mediterránea. Este plato es sencillísimo y, aun así, es una gozada servirlo en pleno verano con los ingredientes ideales.

RECETA LABORIOSA
ENTRANTE MARINERO
CON GLUTEN

PREPARACIÓN: 30 min
REMOJO DE LOS CEREALES:
2 h mínimo / idealmente 12 h
COCCIÓN: 25 min
GRADO DE DIFICULTAD: medio

PARA 6 PERSONAS
Ingredientes

LOS MEJILLONES
• 2 chalotas
• 2 cucharadas de aceite de oliva
• 1,5 kg de mejillones
• 500 ml de vino blanco

LA GUARNICIÓN
• 90 g de espelta pequeña
• 180 ml de agua
• 3 tomates amarillos, verdes y/o negros
• sal

EL ALIÑO
• 3 cucharadas de jugo de mejillones
• 2 cucharadas de zumo de limón
• 3 cucharadas de aceite de oliva
• sal y pimienta negra

EMPLATADO
• flores y hojas de clavelón (o de albahaca o cilantro)

La víspera
Pon en remojo la espelta pequeña en abundante agua entre 2 y 12 horas.

El mismo día
LA ESPELTA PEQUEÑA
En una olla con el agua fría, hierve la espelta pequeña unos 25 minutos. Al final de la cocción, añade un pellizco de sal. El grano debe quedar bastante esponjoso, sin dejar de ser firme.

LOS MEJILLONES
Pela y pica las chalotas. En una olla con aceite de oliva, a fuego suave, cuécelas un poco, sin que lleguen a dorarse. Pon el fuego al máximo y añade los mejillones. Vierte el vino blanco y pon la tapa unos 30 segundos. Una vez que se hayan abierto los mejillones, retira la olla del fuego. Reserva los mejillones y, aparte, guarda el jugo colado de la cocción.

LOS TOMATES
Corta los tomates en láminas muy finas, sin pelarlos.

EL ALIÑO
Mezcla todos los ingredientes para elaborar una vinagreta.
Aliña la espelta pequeña con esa salsa.
Si es necesario, rectifica el aliño.

EMPLATADO
Sirve la espelta pequeña formando un lecho en los platos. Encima, coloca los mejillones pelados (o sin pelar, como prefieras).
Añade las rodajas de tomate, unas gotas de aceite de oliva, las flores y las hojas de clavelón.

Sardinas con *kasha*, pesto de perejil y pasas

A los amantes del pesto tal vez les sorprenda esta versión tan original, a base de trigo sarraceno, almendras y perejil. Es el condimento perfecto para las sardinas marinadas, que también tienen un sabor muy marcado.

RECETA RÁPIDA
ENTRANTE MARINERO
SIN GLUTEN

PREPARACIÓN: 20 min
REPOSO: 15 min
COCCIÓN: 10 min
GRADO DE DIFICULTAD: fácil

PARA 6 PERSONAS

Ingredientes

EL PESTO
- ½ manojo de perejil
- ½ manojo de cilantro
- 50 g de almendra molida
- 4 cucharadas de aceite de oliva
- 4 cucharadas de trigo sarraceno tostado (*kasha*)
- sal

LA GUARNICIÓN
- 1 cucharada de pasas
- unas hojas de cilantro o de perejil fresco
- sal y pimienta negra

LAS SARDINAS
- 540 g de filetes de sardina (en la pescadería, pide que quiten las espinas, pero que dejen las sardinas enteras)
- 3 cucharadas de zumo de limón

EMPLATADO
- la ralladura de 1 limón
- 4 cucharadas de aceite de oliva
- 2 cucharadas de trigo sarraceno tostado (*kasha*)

EL PESTO
Corta las hojas de cilantro y de perejil y tritúralas con la almendra molida. Añade el aceite de oliva y un pellizco de sal. Vuelve a triturarlo. Viértelo en un bol grande y mézclalo con el *kasha*.

LA GUARNICIÓN
En una olla con un poco de agua hirviendo, hincha las pasas unos 10 minutos y luego deja que se enfríen en el agua.
Corta las hojas del cilantro y resérvalas. Escurre las pasas rehidratadas.

LAS SARDINAS
Marina las sardinas con el zumo de limón y el aceite de oliva al menos 15 minutos, a temperatura ambiente. (Puedes conservarlas así durante unas horas.) Justo antes de servirlas, tuesta un poco la piel de las sardinas con un soplete. También puedes usar una sartén muy caliente o una parrilla (barbacoa, plancha, etc.). Debes colocar las sardinas en la superficie caliente por el lado de la piel, de tal manera que solo se ase la superficie del pescado.

EMPLATADO
En una bandeja o en platos individuales, sirve un poco de pesto. Añade las sardinas a la brasa, unas pasas, el *kasha*, un chorrito de aceite de oliva, la ralladura de limón y unas hojas de cilantro.

Berberechos con caldo de cebada y alga nori

RECETA LABORIOSA
ENTRANTE MARINERO
CON GLUTEN

PREPARACIÓN: 25 min
REMOJO DE LOS CEREALES:
2 h mínimo / idealmente 12 h
COCCIÓN: 20 min
GRADO DE DIFICULTAD: fácil

PARA 6 PERSONAS

Ingredientes

EL CALDO DE CEBADA
• 150 g de cebada perlada
• 1,5 l de agua
• sal

LA CREMA DE CEBADA PERLADA
• 150 g de la cebada cocida
en el caldo
• sal

EL CALDO DE BERBERECHOS
• 200 g de berberechos
• 2 chalotas grandes
• 1 cucharada de aceite de oliva
• 2 ramitas de perejil
• 100 ml de vino blanco

LA GUARNICIÓN
• 20 g de alga nori seca
• 20 g de lechuga de mar fresca
o desalada
• 50 g de hinojo marino
(se puede recoger fresco
o comprar en conserva)

EMPLATADO
• ½ limón
• unas gotas de aceite de oliva

Una buena receta de mar y montaña no necesariamente debe llevar carne; también se pueden celebrar los sabores terrestres con cereales. De hecho, la cebada encaja perfectamente con los berberechos. En lugar de verduras, este plato contiene vegetales marinos y de costa: algas e hinojo marino, que aportan sus variadas texturas a esta receta ligerísima.

La víspera
Pon en remojo la cebada en abundante agua, a temperatura ambiente, durante 12 horas.
Pon en remojo los berberechos en agua salada en la nevera. El agua con sal permite que los moluscos expulsen la arena que a veces contienen.

El mismo día
EL CALDO DE CEBADA
En una olla con el agua fría, hierve la cebada unos 20 minutos. Al final de la cocción, añade un pellizco de sal. El grano debe quedar muy cocido y el agua de la cocción, muy blanca. Escurre los granos y reserva el agua de la cocción, que será el caldo de cebada.

LA CREMA DE CEBADA
Tritura la cebada aún caliente con un poco del caldo de cebada. Debes obtener una masa espesa y un poco elástica.
Si es necesario, rectifica el aderezo.

EL CALDO DE BERBERECHOS
Pela y pica las chalotas. En una olla con aceite de oliva, a fuego suave, cuécelas un poco, sin que lleguen a dorarse. Pon el fuego al máximo y añade los berberechos. Incorpora el perejil y el vino blanco y pon la tapa unos 30 segundos. Una vez que se hayan abierto los berberechos, retira la olla del fuego. Reserva los berberechos y, aparte, guarda el jugo colado de la cocción. Rehidrata las algas con el caldo de berberechos aún caliente durante 5 minutos. Cuela el caldo de berberechos y reserva las algas rehidratadas.

EMPLATADO
Mezcla el caldo de cebada y el de berberechos. Calienta el caldo resultante para servirlo hirviendo.
En un plato hondo, sirve una cucharada de la crema de cebada. Añade los berberechos, las algas rehidratadas y unos brotes de hinojo marino.
Por último, vierte el caldo de cebada y berberechos muy caliente, así como unas gotas de zumo de limón y de aceite de oliva.

Rollitos de primavera con dorada y hierbas aromáticas

En realidad, los rollitos de primavera no son muy primaverales. ¡Pero estos sí! La hoja de arroz de la receta tradicional se ha sustituido por una hoja de col escaldada pero aún crujiente, mientras que el arroz está en el interior, con el pescado crudo, hierbas aromáticas y flores.

EL ARROZ

Lava el arroz 4-5 veces con agua limpia y luego ponlo en remojo 30 minutos en abundante agua. Escúrrelo y viértelo en una olla con agua fría. El agua debe cubrir el arroz, pero apenas un dedo. Pon una tapa pesada (idealmente, de hierro, como la olla) y hierve el arroz primero a fuego vivo 15 minutos y después a fuego muy suave 5 minutos más. Apaga el fuego y, sin quitar la tapa, deja que el arroz se acabe de cocer con el vapor residual 10 minutos.

En un bol pequeño, mezcla la sal y el vinagre de sidra; añade el aceite de sésamo. Quita la tapa del arroz y remuévelo delicadamente con una espátula plana, sin aplastar los granos, mientras lo aderezas con la mezcla de vinagre de sidra, sal y aceite de sésamo.

Vuelve a poner la tapa, pero deja la olla entreabierta para que arroz esté templado en el momento de montar los rollitos de primavera.

LA COL PUNTIAGUDA

Mientras se cuece el arroz, aplasta ligeramente las hojas de col puntiaguda con un rodillo de pastelería. En una olla con abundante agua salada, introduce las hojas de col unos 30 segundos y luego enfríalas sumergiéndolas en agua helada para que no pierdan su bonito color verde. Sécalas bien con papel absorbente.

LA DORADA

Cubre los filetes de dorada con sal gruesa y deja el pescado en la nevera 10 minutos para que se escurra. A continuación, lava los filetes con abundante agua limpia y sécalos con papel absorbente. Corta el pescado en tiras de 1,5 cm de ancho por 6-7 cm de largo.

EN EL MOMENTO DE SERVIR

Pica los manojos de hierbas aromáticas, incluidos los tallos. Mezcla el arroz templado y aderezado con las hierbas aromáticas. Con un pincel, unta los trozos de dorada con aceite de sésamo.

EMPLATADO

En un plato, extiende una hoja de col escaldada. En el centro, sirve una cucharada de arroz, aplastándolo ligeramente hasta formar un pequeño círculo. Añade un trozo de dorada en medio del círculo. A ambos lados del pescado, pon los pétalos de malva. Si lo deseas, enrolla la col, empezando por un lado, siguiendo por los laterales y, por último, por el lado restante.

Ostra marinada en una salsa vierge con cítricos y mijo

La mejor manera de paladear las ostras es comiéndolas crudas, con un simple chorrito de limón o de vinagre con chalotas. ¿Y si probamos algo más creativo? En esta salsa vierge con cítricos y mijo, los cereales aportan una textura granulada que se mezcla con la de la ostra.

RECETA RÁPIDA
ENTRANTE MARINERO
SIN GLUTEN

PREPARACIÓN: 20 min
REPOSO: 10 min
COCCIÓN: 10 min
GRADO DE DIFICULTAD: medio

PARA 6 PERSONAS

Ingredientes

- 6 ostras de calibre n.º 2

LA SALSA VIERGE

- 30 g de mijo
- 60 ml de agua
- 2 clementinas
- 1 cucharada de aceite de sésamo
- 1 chile fresco de picor mediano
- ½ manojo de cilantro
- sal

EL MIJO

En una olla con el agua fría, hierve el mijo a fuego suave unos 15 minutos. Al final de la cocción, añade un pellizco de sal. Cuando el mijo esté blando, pero todavía un poco firme, retira la olla del fuego, con la tapa puesta, y déjalo reposar 10 minutos. Una vez frío, resérvalo en la nevera.

LA SALSA VIERGE

Pela las clementinas y separa los gajos.
Corta los gajos en trocitos. Reserva el zumo que caiga y mézclalo con el aceite de sésamo.
Mezcla los gajos de clementina y el mijo hervido.
Corta el chile fresco en rodajas y resérvalo.
Corta las hojas de cilantro y pícalas.

EMPLATADO

Abre las ostras, intentando que no quede ningún trozo de concha.
En el interior de las ostras abiertas, vierte la mezcla de mijo con gajos de clementina, una rodaja de chile, unas gotas de la salsa vierge y un poco de cilantro picado.

Platos vegetarianos

Con cereales y buenas verduras se pueden elaborar platos completos y equilibrados que tienen tanto sabor que no cuesta nada prescindir de la proteína animal. Un exquisito arroz salteado con finas hierbas, una col rellena de reconfortante avena o un generoso pastel de patatas con trigo integral procuran un placer absoluto.

Si has renunciado a la carne y el pescado o bien tratas de reducir el consumo de productos animales, estas recetas son para ti; y si te gusta comer de todo, también.

PREPARACIÓN: 40 min

REMOJO DE LOS CEREALES:
2 h mínimo / idealmente 12 h

COCCIÓN: 20 min

GRADO DE DIFICULTAD: fácil

PARA 6 PERSONAS

Ingredientes

LA CEBADA
• 500 g de cebada perlada
• 1 l de agua

EL PURÉ DE ZANAHORIA
• 1 kg de zanahorias
• agua
• sal

LA SALSA VIERGE
• 100 g de avellanas
• 2 zanahorias
• 1 naranja
• 1 limón
• ½ manojo de perejil de hoja lisa
• sal y pimienta negra

EMPLATADO
• perejil picado
• flores de capuchina (opcional)

Cebada cremosa con zanahoria y salsa vierge con cítricos

Ligada con un puré de zanahoria, la cebada adquiere una textura cremosa y untuosa, digna de un risotto. La salsa vierge con cítricos subraya esa suavidad con un toque crujiente, jugoso y acidulado.

La víspera
Pon en remojo la cebada en abundante agua, a temperatura ambiente, durante 12 horas.

El mismo día
LA COCCIÓN DE LA CEBADA
Lava con abundante agua la cebada remojada y escúrrela. En una olla con el agua fría, cuécela a fuego suave 10 minutos. Al final de la cocción, añade un pellizco de sal. Una vez cocida la cebada, retírala del fuego, con la tapa puesta, para que acabe de hincharse.

EL PURÉ DE ZANAHORIA
Pela, lava y corta las zanahorias en rodajas finas. Introdúcelas en una olla y cúbrelas de agua. Con la tapa puesta, cuécelas a fuego suave 15 minutos. Quita la tapa y déjalas 5 minutos más. Con un cuchillo, comprueba que están hervidas: si están tiernas, puedes retirarlas del fuego; si no, alarga la cocción unos minutos.
Tritura las zanahorias aún calientes con un poco del agua de la cocción. Debes obtener un puré espeso. Si es necesario, añade un poco más de caldo. Rectifica el aderezo y reserva el puré de zanahoria.

LA SALSA VIERGE
Tuesta las avellanas en el horno, con la función del ventilador, a 150 °C, unos 8 minutos. Cuando se hayan enfriado, pícalas un poco. Lava y pela las zanahorias y córtalas en daditos. Pela la naranja y el limón, córtalos en gajos y después en daditos. Puedes mezclar los dos cítricos. Quita las hojas del perejil y pícalas, guardando algunas para el emplatado. Mezcla los cítricos, las zanahorias, las avellanas y el perejil picado; aderézalo.

LA CEBADA CREMOSA
En una olla, calienta a fuego suave un poco de puré de zanahoria. Añade un poco de cebada y mézclalo bien, hasta obtener una textura untuosa de risotto. Si es necesario, rectifica el aderezo.

EMPLATADO
En cuencos o en platos hondos, sirve la cebada cremosa. Añade un poco de salsa vierge, un poco de perejil picado y, si lo deseas, unos pétalos de capuchina.

Polenta con caldo de cebollas y guisantes

Esta sabrosísima polenta –hecha con un caldo de cebollas– recuerda un poco a las gachas que comían antaño los campesinos. Quisiera reivindicarlas, haciendo hincapié en lo nutritivas que son, pero también en lo refinada que me parece su textura.

**RECETA LABORIOSA
PLATO VEGETARIANO
SIN GLUTEN**

PREPARACIÓN: 30 min
COCCIÓN: 50 min
GRADO DE DIFICULTAD: medio

PARA 6 PERSONAS

Ingredientes

EL CALDO DE CEBOLLAS
• 10 cebollas amarillas
• 3 cucharadas de aceite de oliva
• unas ramitas de salvia
• 3,5 l de agua
• 2 cucharadas de miel
• sal

LA POLENTA
• 350 g de polenta (yo uso la de la variedad de maíz vasco Arto gorria)
• 1,5 l de caldo de cebollas
• sal

LA GUARNICIÓN
• 500 g de guisantes frescos pelados
• sal gruesa

LA SALSA VIERGE
• ¼ de manojo de cilantro
• ¼ de manojo de perejil de hoja lisa
• ½ manojo de cebollino o la parte verde de las cebollas tiernas
• 1 cucharada de zumo de limón
• 2 cucharadas de aceite de oliva
• sal y pimienta negra

LA SALVIA FRITA
• ½ manojo de salvia fresca
• 150 ml de aceite para freír

EL CALDO DE CEBOLLAS

Precalienta el horno a 180 ºC. Limpia bien las cebollas. Córtalas en cuartos y rocíalas con abundante aceite de oliva. Añade las ramitas de salvia y la sal. Ponlo todo en una bandeja para el horno y ásalo 20 minutos, removiendo regularmente para que las cebollas queden doradas (pero no quemadas). Cuando las cebollas tengan color, vierte un poco de agua. Vuelca todo el contenido de la bandeja para el horno en una olla con el resto del agua. Cuécelo a fuego muy suave unos 30 minutos. Cuélalo con un colador fino, vuelve a poner el caldo en el fuego y redúcelo a la mitad. Añade la miel y un poco de sal para suavizar el ligero amargor del caldo.

LA POLENTA

Cuando se haya reducido el caldo de cebollas, apaga el fuego.
Vuelca 1,5 l del caldo en una olla y conserva el resto caliente. Vierte muy delicadamente la polenta en la olla con el caldo caliente. Con una varilla, remueve la polenta para que no se formen grumos. Cuécela a fuego suave unos 15 minutos, removiendo con regularidad. Si es necesario, rectifica el aderezo. Pon la tapa y deja que se hinche unos 10 minutos.

LOS GUISANTES

Pela los guisantes. Hierve una olla grande de agua con un poco de sal. Sumerge un momento los guisantes, escúrrelos e introdúcelos de inmediato en agua con cubitos de hielo. Vuelve a escurrirlos y resérvalos.

LA SALSA VIERGE

Corta las hojas de cilantro y de perejil y pícalas. Pica el cebollino o la parte verde de la cebolla tierna. Mezcla las hierbas aromáticas picadas, el zumo de limón, el aceite de oliva, la sal y la pimienta negra.

LA SALVIA FRITA

Cubre un plato con papel absorbente. Corta el tallo de la salvia y seca bien las hojas. Calienta el aceite a 170 ºC. Sumerge las hojas de salvia y fríelas 30 segundos. Una vez fritas, sazónalas. Déjalas encima del papel absorbente y resérvalas en un lugar seco.

EMPLATADO

Sirve la polenta en cuencos. Con la parte posterior de una cuchara de café, haz un agujero en la polenta y llénalo con la salsa vierge. Encima, añade los guisantes. Vierte un poco de caldo de cebollas alrededor de la polenta, unas gotas de aceite de oliva y unas cuantas hojas de salvia frita.

Calabaza rellena de mijo y albaricoques secos

El mijo es un cereal delicioso, pero bastante desconocido. Tiene un punto seco, que se puede compensar con la humedad de la crema de almendras. Me encantan las verduras rellenas porque constituyen una comida completa que permite combinar perfectamente cereales y legumbres.

RECETA LABORIOSA
PLATO VEGETARIANO
SIN GLUTEN

PREPARACIÓN: 20 min
REPOSO: 10 min
COCCIÓN: 30 min
GRADO DE DIFICULTAD: medio

PARA 6 PERSONAS

Ingredientes

LA CALABAZA
• 1 calabaza hokkaido grande o 2 pequeñas
• 4 cucharadas de aceite de oliva
• sal

EL RELLENO
• 150 g de mijo pelado
• 225 ml de agua
• 4 albaricoques secos
• 1 puñado de almendras con piel
• 2 cucharadas de crema de almendras
• el zumo de ½ limón
• 3 cucharadas de aceite de oliva
• sal y pimienta negra

LA CALABAZA

Precalienta el horno a 200 °C. Con un cuchillo de pan, corta la parte superior de la calabaza. Con una cucharada sopera, quita las semillas del interior. Coloca la calabaza en una bandeja para el horno. Unta la calabaza con aceite de oliva (a mano, si lo deseas) y hornéala 25 minutos.

EL RELLENO

En una olla con el agua fría, hierve el mijo a fuego suave 10 minutos. Una vez cocido, retira la olla del fuego, añade un pellizco de sal y deja que repose, con la tapa puesta, 10 minutos.

Mientras tanto, en una olla pequeña con agua hirviendo a fuego muy suave, hidrata los albaricoques 10 minutos; escúrrelos y córtalos en trozos grandes.

En un bol grande, mezcla el mijo hervido con la crema de almendras, las almendras troceadas, el zumo de limón, los albaricoques secos, el aceite de oliva, la sal y la pimienta negra. Al cabo de 25 minutos, saca la calabaza del horno, sin apagarlo. Deja que se enfríe un poco y rellénala con la mezcla a base de mijo. Vuelve a ponerla en el horno entre 5 y 10 minutos.

EMPLATADO

Sirve la calabaza rellena en una bandeja bonita, córtala en rodajas antes de repartirla y acompáñala con una ensalada verde.

Pastel de patatas a las finas hierbas

Este pastel de patatas me parece una especie de milhojas de verduras (patatas, finas hierbas y espinacas) cuyas hojas están ligadas por una masa de cereales. Juega con los equilibrios de humedad y de textura que aportan las verduras y la esponjosidad de la masa. Se puede servir acompañado de una ensalada verde.

RECETA LABORIOSA
PLATO VEGETARIANO
CON GLUTEN

PREPARACIÓN: 45 min
COCCIÓN: 45 min
GRADO DE DIFICULTAD: medio

PARA UN MOLDE DE 20 CM DE DIÁMETRO (8 TROZOS)

Ingredientes

LA MASA DEL PASTEL
- 6 huevos
- 180 ml de aceite de girasol desodorizado
- 100 g de harina de trigo T65
- 50 g de harina de trigo T180
- 1 sobre de levadura
- la ralladura de 1 limón
- 1 pellizco de nuez moscada molida
- 50 ml de agua
- sal y pimienta negra

LAS FINAS HIERBAS
- 1 manojo de perejil de hoja lisa
- 1 manojo de cilantro
- 1 manojo de perifollo
- 200 g de espinacas

LAS PATATAS
- 200 g de patatas de carne firme

LA MASA DEL PASTEL
Con una varilla, bate los huevos y el aceite. En otro bol grande, mezcla las harinas y la levadura. Incorpora progresivamente la mezcla de harinas a la mezcla de huevos, sin dejar de remover con la varilla. Añade la ralladura de limón y la nuez moscada. Sazónalo (no dudes a la hora de salpimentarlo en abundancia para resaltar el sabor de algunas finas hierbas). Vierte un chorrito de agua para aligerar un poco la masa, que debe tener la misma textura que la masa de crepes. Resérvala en la nevera.

LAS HIERBAS AROMÁTICAS
Lava las finas hierbas por separado. Escúrrelas con un escurridor de ensalada. Quita el tallo de las espinacas, del perejil y del cilantro. Escalda las espinacas y las hierbas aromáticas por separado, sumergiéndolas 30 segundos en una olla con agua hirviendo; a continuación, sumérgelas en agua con hielo para fijar la clorofila. Escurre las espinacas y las finas hierbas con un trapo limpio para quitarles el máximo de agua.

LAS PATATAS
Pela y lava las patatas. Con una mandolina, córtalas en láminas finas sin volver a lavarlas. Cuece un poco las láminas de patatas al vapor 5 minutos o con agua hirviendo durante 2 minutos; enfríalas con agua helada.

EL MONTAJE DEL PASTEL
Precalienta el horno a 160 °C. Cubre el molde con papel de horno. En el fondo, vierte una fina capa de la masa del pastel, después una capa de láminas de patata y después una capa de la mezcla de espinacas y finas hierbas. Repite el procedimiento, alternando las capas hasta llenar el molde. Hornea el pastel unos 45 minutos. Deja que se enfríe, desmóldalo y córtalo en 8 trozos iguales.

Congee con arroz de la Camarga y champiñones a las finas hierbas

El congee es una sopa de arroz originaria de China que se sirve principalmente como desayuno en Asia, pero que también puede convertirse en un excelente plato único para cenar. Como el arroz se cuece durante muchísimo tiempo, suelta el almidón, dando a la sopa una consistencia aterciopelada, incluso sedosa, sin dejar de perder su propia textura. Esta versión con setas es un plato maravilloso para entrar en calor los días desapacibles.

RECETA LABORIOSA
PLATO VEGETARIANO
SIN GLUTEN

PREPARACIÓN: 45 min
REMOJO DE LOS CEREALES:
2 h mínimo / idealmente 12 h
COCCIÓN: 1 h 30 min – 2 h
GRADO DE DIFICULTAD: medio

PARA 6 PERSONAS

Ingredientes

EL CONSOMÉ
• 1 kg de champiñones o de restos de champiñones (puedes usar champiñones algo mustios)
• sal fina

EL CONGEE
• 500 g de arroz largo de la Camarga
• 5 l de consomé de champiñones o de agua
• 12 gírgolas
• 15 g de jengibre fresco
• ½ manojo de cilantro vietnamita (o de perejil o cebollino)
• 20 g de sésamo blanco
• 1 cucharada de aceite de sésamo
• 1 cucharada de aceite de girasol desodorizado
• 1 cucharada de vinagre de sidra
• sal fina

La víspera

Pon en remojo el arroz en abundante agua, a temperatura ambiente, durante 12 horas.

El mismo día

EL CONSOMÉ DE CHAMPIÑONES
Quita la punta dura del pie de los champiñones. Lava bien los champiñones y córtalos en cuartos o mitades, según su tamaño (no hace falta que te esmeres con el corte, porque enseguida los vas a triturar). Introduce los champiñones en el vaso de la batidora de mano y cúbrelos con agua. Tritúralos durante 30 segundos. Debes obtener una especie de puré no muy homogéneo. Viértelo en una olla grande y cuécelo a fuego medio, entre 5 y 10 minutos, removiendo regularmente con una varilla. Baja el fuego, deja de remover y prosigue la cocción unos 10 minutos.
Con un chino, cuela el caldo. Toda la materia sólida del consomé debe quedar en el chino. Debes conservar un caldo claro de champiñones.
Si lo deseas, puedes guardar los restos de champiñones para preparar un puré, que puedes servir con el congee o guardar para más tarde.

LA COCCIÓN DEL ARROZ
Lava con abundante agua el arroz y escúrrelo. En una olla con el volumen de agua o de caldo aconsejado, cuece el arroz a fuego muy suave 1 h 30 min como mínimo, si deseas una consistencia fluida, o durante 2 horas, si la prefieres más espesa. (El arroz se reducirá y se concentrará.)

LOS CONDIMENTOS
Con un buen cuchillo, pela el jengibre y pícalo muy fino. Quita las hojas del cilantro. En una sartén sin aceite, a fuego suave, tuesta ligeramente el sésamo.

LAS SETAS
Corta la punta del pie de las gírgolas. Lávalas con un poco de agua fría. Sécalas entre dos trapos limpios. Guárdalas enteras o córtalas longitudinalmente, si es necesario, y saltéalas a la sartén a fuego medio, con aceite de girasol, hasta que se doren. Vierte las setas en un bol grande, añade el sésamo, el aceite de sésamo, el vinagre de sidra, el jengibre y la sal; mézclalo todo bien.

EMPLATADO
En cuencos grandes, sirve la sopa de arroz con las gírgolas encima. Añade unas hojas de cilantro fresco.

Tortitas de harina de *teff* con brócoli y pesto verde

RECETA LABORIOSA
PLATO VEGETARIANO
SIN GLUTEN

PREPARACIÓN: 30 min
COCCIÓN: 20 min
REPOSO: 25 h
GRADO DE DIFICULTAD: fácil

PARA 6 PERSONAS

Ingredientes

LAS TORTITAS DE HARINA DE *TEFF*
• 1 sobre de levadura seca de panadero
• 500 g de harina de *teff*
• 1 pellizco de bicarbonato de sodio
• 815 ml de agua

LA GUARNICIÓN VERDE
• 1 brócoli

EL PESTO VERDE
• 3 puñados de espinacas
• 1 manojo de perejil
• 100 g de almendra molida
• sal
• 2 cucharadas de aceite de oliva

LA COCCIÓN DE LAS TORTITAS
• 2-4 cucharadas de aceite de girasol
desodorizado

Si ya conoces la gastronomía etíope, estas tortitas te resultarán familiares: son muy parecidas a la *injera*, la enorme tortita ligera y oscura que en Etiopía se comparte y se unta con distintas elaboraciones. Su sabor acidulado es delicioso con verduras verdes.

La víspera
En un bol grande, mezcla la levadura con 3 cucharadas de agua caliente. Añade 375 g de harina de *teff* y 500 ml de agua. Amásalo hasta obtener una masa homogénea; tápala y déaela reposar a temperatura ambiente 24 horas.

El mismo día
LAS TORTITAS
En un bol grande, mezcla el resto de la harina de *teff*, es decir, 125 g, y un pellizco de bicarbonato de sodio. Hierve 150 ml de agua y viértela sobre esa mezcla. Vuelve a mezclar y déjalo reposar 5 minutos. Incorpora delicadamente esa mezcla a la masa elaborada la víspera. Añade 165 ml de agua y lígalo. Tapa la masa y deja que repose 1 hora más.

LA GUARNICIÓN VERDE
Mientras tanto, prepara la guarnición. Llena dos boles grandes con agua muy fría y añade algunos cubitos de hielo. En una olla grande, hierve agua con un pellizco de sal. Quita el pie del brócoli y córtalo en ramilletes. Cuando el agua rompa a hervir, cuécelos 3-4 minutos. Pruébalos y, si están hechos, sumérgelos en el agua fría para detener la cocción. Escúrrelos con un colador, guardando el agua de la cocción.

EL PESTO VERDE
Corta y lava las hojas de perejil y de espinacas. En una olla con agua hirviendo, primero escalda las espinacas 1-2 minutos, y después el perejil. Sumérgelos en el bol con agua fría para detener la cocción y escúrrelos. Puedes acabar de secarlos con un trapo limpio. En una olla, hierve el equivalente a un vaso de agua. En el recipiente de una picadora de cocina, introduce las espinacas y el perejil escaldados y añade la almendra molida, un pellizco de sal y el aceite de oliva. Tritúralo bien e incorpora el vaso de agua caliente. Si es necesario, añade un poco más. Debes obtener una masa homogénea.

LA COCCIÓN DE LAS TORTITAS
Calienta una sartén antiadherente con un poco de aceite a fuego medio. Añade un cucharón de la masa. Cuando empiecen a salir burbujas, dale la vuelta a la tortita y prosigue la cocción 5 minutos, a fuego medio. Repite el procedimiento con toda la masa.

EMPLATADO
En platos llanos, sirve una tortita de *teff* con el pesto verde y unos ramilletes de brócoli en el centro. Puedes enrollar la tortita y comértela con las manos.

RECETA RÁPIDA
PLATO VEGETARIANO
SIN GLUTEN

PREPARACIÓN: 20 min
REMOJO DE LOS CEREALES:
2 h mínimo / idealmente 12 h
REPOSO: 15 min
INFUSIÓN: 10 min
COCCIÓN: 25 min
GRADO DE DIFICULTAD: medio

PARA 6 PERSONAS

Ingredientes
- 480 g de arroz negro
- 720 ml de agua

EL ACEITE DE HOJAS DE HIGUERA
- 100 ml de aceite de pepitas de uva
- 1 hoja de higuera fresca

LA GUARNICIÓN
- ¼ de manojo de albahaca
- ¼ de manojo de menta
- ¼ de manojo de cilantro
- 1 puñado grande de pistachos

EL ADEREZO DEL ARROZ
- 2 cucharadas de aceite de girasol desodorizado
- 1 cucharada de zumo de limón
- sal y pimienta negra

EMPLATADO
- hojas de albahaca tailandesa (o de cualquier otro tipo de albahaca)
- flores de caléndula y/o capuchina (opcional)

Arroz negro salteado a las finas hierbas con aceite de hoja de higuera

El arroz negro es un arroz integral que conserva su textura firme tras la cocción, de ahí que sea ideal para preparar un buen salteado. Este plato completo, sencillo y sanísimo dejará boquiabiertos a los comensales por sus bonitos colores: el negro del cereal y el toque vivo de las hierbas aromáticas. La receta también se puede elaborar con restos de arroz del día anterior.

La víspera
Pon en remojo el arroz negro en abundante agua, a temperatura ambiente, durante 12 horas.

El mismo día
LA COCCIÓN DEL ARROZ
Lava y escurre el arroz negro. En una olla con el agua, cuécelo a fuego suave 20 minutos. Al final de la cocción, añade un pellizco de sal. Una vez hervido, déjalo reposar, con la tapa puesta, fuera del fuego, unos 15 minutos.

EL ACEITE DE HOJAS DE HIGUERA
Calienta el aceite de pepitas de uva a 70 °C. Viértelo sobre la hoja de higuera (limpia y seca, colocada en un recipiente que aguante el calor). Tápalo y deja que infusione al menos 10 minutos. Puedes preparar el aceite la víspera y guardarlo varios días en la nevera, sin quitar la hoja, así seguirá infusionándose, incluso en frío.

LAS HIERBAS AROMÁTICAS
Corta las hojas de albahaca, menta y cilantro. Con un buen cuchillo o unas tijeras, pícalas muy finas.

LOS PISTACHOS
Tuesta los pistachos en el horno, con la función del ventilador, a 150 °C, unos 8 minutos. Deben quedar ligeramente dorados. Cuando se hayan enfriado, trocéalos un poco con un cuchillo.

EL ARROZ SALTEADO
Pon a calentar una sartén antiadherente con aceite de girasol, a fuego medio. Añade el arroz. Procura que no haya demasiado para poder saltearlo. Si lo deseas, al principio puedes usar una cucharada sopera para esparcir ligeramente el arroz por la sartén. Deja que «cruja» un poco y saltéalo (¡es divertidísimo!) o bien mézclalo con una cuchara. Repite el procedimiento varias veces hasta que todo el arroz quede crujiente por fuera y blando por dentro. Añade el aceite de hoja de higuera, el zumo de limón, los pistachos troceados y las hierbas aromáticas. Si es necesario, rectifica el aderezo.

EMPLATADO
En cuencos, platos hondos o una hoja de higuera lavada, sirve el arroz negro. Añade unas hojas de albahaca y, si lo deseas, unos pétalos de flores.

Risotto verde de cereales

En realidad, este no es un auténtico risotto, porque no lleva arroz ni vino blanco ni parmesano. Sin embargo, es una mezcla muy cremosa de cereales con un puré de espinacas que lo liga todo. Me encanta preparar esta receta con distintos purés de verduras según la estación del año.

RECETA LABORIOSA
PLATO VEGETARIANO
CON GLUTEN

PREPARACIÓN: 45 min
REMOJO DE LOS CEREALES:
2 h mínimo / idealmente 12 h
COCCIÓN: 25 min
GRADO DE DIFICULTAD: fácil

PARA 6 PERSONAS
Ingredientes

LOS CEREALES
- 100 g de espelta pequeña
- 100 g de trigo sarraceno pelado
- 100 g de cebada perlada
- 600 ml de agua

EL PURÉ DE ESPINACAS
- 300 g de brotes de espinacas o de hojas de espinacas sin el tallo
- 500 ml de agua
- sal gruesa
- sal fina

LA GUARNICIÓN
- 150 g de guisantes
- 150 g de habas
- ½ manojo de orégano fresco (u orégano seco)

EL ADEREZO
- 10 g de mantequilla clarificada

LA SALSA VIERGE
- 30 g de guisantes crudos
- ½ manojo de cebollino o la parte verde de las cebollas tiernas
- 1 rama de tomillo (idealmente, con flores)
- 2 cucharadas de aceite de oliva
- el zumo de ½ limón
- sal fina y pimienta negra recién molida

La víspera
Pon en remojo todos los cereales por separado (salvo el trigo sarraceno, que no requiere remojo) en abundante agua, a temperatura ambiente, entre 2 y 12 horas.

LOS CEREALES
En distintas ollas con agua fría, cuece los cereales por separado: el trigo sarraceno en 200 ml de agua 15 minutos; la espelta pequeña en 200 ml de agua 10 minutos; la cebada perlada en 200 ml de agua 13 minutos. Al final de la cocción, añade un pellizco de sal. Los cereales deben quedar firmes. Una vez hervidos, retira las ollas del fuego, con la tapa puesta, para que acaben de hincharse.

EL PURÉ DE ESPINACAS
Escalda las hojas de espinacas unos 30 segundos en agua hirviendo con un pellizco de sal. Reserva esa olla con agua hirviendo para cocer las verduras. Enfría las espinacas en agua con hielo para detener la cocción y que conserven el color verde. Escurre las hojas de espinacas con un colador, primero, y después con un trapo limpio: extiéndelas encima del trapo y apriétalas con otro trapo para que desprendan el máximo de agua. En una olla, hierve 500 ml de agua. Tritura las espinacas con un poco de esa agua hasta que obtengas un puré muy homogéneo. Si es necesario, añade más sal.

LAS VERDURAS
Pela las habas y los guisantes. En una olla con agua hirviendo y sal, escalda los guisantes 1 minuto, aproximadamente. Puedes probarlos para comprobar que estén al punto. Después escalda las habas 30 segundos. Una vez que se hayan enfriado, quita la piel fina del exterior.

LA SALSA VIERGE
Pica el cebollino. Corta delicadamente las flores de tomillo (o las hojas, en su defecto). Mezcla el cebollino picado, las flores de tomillo y los guisantes crudos. Añade el aceite de oliva, el zumo de limón, un pellizco de sal y pimienta negra.

EL RISOTTO
Mezcla todos los cereales. Justo antes de servir el risotto, calienta un poco de puré de espinacas a fuego suave. Incorpora los cereales. Mézclalo y añade las habas y los guisantes escaldados. La mezcla debe quedar cremosa. Si es necesario, añade más puré de espinacas. Por último, vierte un poco de mantequilla clarificada. Si es necesario, rectifica el aderezo.

EMPLATADO
Sirve el risotto verde en platos hondos grandes. Añade la salsa vierge y, si lo deseas, un poco de cebollino picado.

PREPARACIÓN: 40 min

REPOSO: 1 h

COCCIÓN: 5 min

GRADO DE DIFICULTAD: alto

PARA UNAS 10 TORTILLAS

Ingredientes

LAS TORTILLAS DE MAÍZ

• 300 g de harina de maíz
• 165 g de harina de trigo T65
• 2 pellizcos grandes de sal
• 350 ml de agua
• 6 cucharadas de aceite de girasol

LA SALSA VERDE

• ½ manojo de cilantro
• ½ manojo de perejil
• 1 cebolla blanca
• 1 cucharada de granos de comino
• 2 cucharadas de vinagre de sidra
• 3 tomatillos (o ½ pepino,
en su defecto)
• 2 cucharadas de aceite de oliva
• sal y pimienta negra recién molida

LA ENSALADA DE TOMATILLOS

• 12 tomates cherry
• 6 tomatillos
• 1 cebolla blanca
• ¼ de manojo de cilantro fresco
• ¼ de manojo de perejil de hoja lisa
• 2 cucharadas de zumo de limón
• 3 cucharadas de aceite de oliva
• sal y pimienta negra

EMPLATADO

• un poco de cilantro picado
• unos pétalos de clavelón (opcional)

Tortillas de maíz con una ensalada de tomatillos

El *talo* es una tortita vasca a base de harina de maíz que se parece muchísimo a la tortilla mesoamericana. Tradicionalmente, era un sustituto del pan y, por tanto, tenía usos muy distintos. En esta receta, se sirve acompañada de una ensalada y de una salsa fresca con un toque mexicano.

LAS TORTILLAS

En un bol grande, vierte las dos harinas y la sal. Haz un hueco en el centro y añade el agua y 4 cucharadas de aceite de girasol. Mézclalo suavemente, llevando la harina hacia el centro. Si la masa es demasiado seca, puedes añadir el equivalente a 1 o 2 cucharadas de agua. Amasa la masa a mano, formando una bola, y déjala reposar 1 hora, cubierta con un trapo. A continuación, divide la masa en 12 trozos y, con un rodillo, extiéndelos. Debes obtener unas tortillas finas de unos 20 cm de diámetro. En una sartén antiadherente, cocínalas unos minutos por cada lado, a fuego medio. Puedes añadir un poco de aceite de girasol a la sartén con un pincel. Si tienes una plancha, aún es mejor. Guarda las tortillas entre dos trapos limpios y húmedos, en la sartén caliente, hasta el momento de servirlas.

LA SALSA VERDE

Corta los tallos del cilantro y del perejil, conservando los manojos enteros. Pela la cebolla y pártela por la mitad; retira la parte del centro y pícala fina. Mezcla las hierbas aromáticas, la cebolla, el comino y el vinagre de sidra. Añade el aceite de oliva, la sal y la pimienta negra. Si es necesario, rectifica el aderezo con un poco más de vinagre de sidra o aceite de oliva.

LA ENSALADA DE TOMATILLOS

Corta los tomates cherry por la mitad y los tomatillos en cuartos. Pela y pica la cebolla blanca muy fina. Corta y pica las hojas de cilantro y de perejil; mézclalo todo. Aderézalo con el zumo de limón, el aceite de oliva, la sal y la pimienta negra.

EMPLATADO

En medio de cada tortilla, extiende un poco de la salsa verde.
Añade 1 cucharada de la ensalada de tomatillos. Por último, decóralo con cilantro picado y flores de clavelón.

Platos omnívoros

El hecho de cocinar carne y pescado no significa que los cereales queden relegados a una simple y discreta guarnición, en una esquina del plato. Por el contrario, pueden integrarse perfectamente en la receta a través de una sabia mezcla de texturas y de sabores.

En este capítulo encontrarás recetas sencillas y rápidas, como pescado rebozado con copos de avena, pero también platos más complejos, como ave de corral rellena de espelta pequeña o merlán confitado con aceite de oliva, mijo y cerezas. Hay un poco de todo para toda clase de ocasiones, sea para comer a solas, en pareja, en familia o con invitados.

Merlán confitado con aceite de oliva, mijo y cerezas

Confitar pescado con aceite de oliva es un método que permite obtener una cocción única, muy medida, así como una melosidad extraordinaria. Aunque el mijo no se quedará atrás: tanto en grano perfectamente cocido como convertido en leche cremosa a modo de salsa, será sin duda lo que más te sorprenderá del plato.

RECETA RÁPIDA
PLATO OMNÍVORO
SIN GLUTEN

PREPARACIÓN: 30 min
REMOJO DE LOS CEREALES: 2 h
COCCIÓN: 25 min
GRADO DE DIFICULTAD: alto

PARA 6 PERSONAS

Ingredientes

EL MIJO
• 180 g de mijo
• 360 ml de agua
• 60 g de almendras peladas
• 1 cucharada de zumo de limón
• 2 cucharadas de aceite
de almendras dulces o de oliva
• sal y pimienta negra

LAS CEREZAS
• 8 cerezas grandes
• 1 cucharada de azúcar
• 2 cucharadas de agua

EL MERLÁN CONFITADO
• 720 g de filetes de merlán sin piel
(120 g por persona)
• sal gruesa
• 1 l de aceite de oliva
• sal fina

EMPLATADO
• unos pétalos de clavelón (opcional)

EL MIJO

Pon en remojo el mijo en abundante agua, a temperatura ambiente, 2 horas. Escúrrelo sin tirar el agua del remojo. Divide el mijo en dos mitades. Pon la primera a cocer en una olla con los 360 ml de agua fría durante 15 minutos, a fuego suave. Una vez hervido, salpiméntalo. Trocea las almendras peladas. A continuación, mezcla el mijo hervido con el zumo de limón, el aceite de almendras dulces (o de oliva) y las almendras troceadas.

LA LECHE DE MIJO

Mientras tanto, tritura la otra mitad de mijo con un poco del agua del remojo. Incorpora el agua poco a poco hasta obtener una consistencia muy homogénea. Seguramente no necesitarás toda el agua. Viértela de manera progresiva. Cuela la leche de mijo con un colador fino y añade un poco de sal.

LAS CEREZAS

Deshuesa las cerezas después de partirlas por la mitad. Ponlas en una olla, con el azúcar y el agua, y tápalas. Cuécelas a fuego suave unos 10 minutos. Las cerezas deben quedar cocidas, pero no reducidas a compota. Quita la tapa y cuela el jugo con un colador fino. Reserva las cerezas en un bol y reduce el jugo de la cocción. Cuando adquiera la consistencia de un almíbar, viértelo encima de las cerezas.

EL MERLÁN CONFITADO

Cubre los filetes de merlán con sal gruesa y deja que se escurran 10 minutos. A continuación, lava los filetes con abundante agua limpia y sécalos con un trapo limpio o papel absorbente.

Prepara un plato con papel absorbente encima. En una olla, calienta el aceite de oliva a 70 °C al baño maría. Fuera del fuego, sumerge el merlán en el aceite unos 2 minutos por lado. El pescado debe adquirir un color blanco nacarado, no rosado. Escúrrelo encima del papel absorbente. Puedes conservar el aceite para elaborar otros pescados confitados: basta con dejar enfriar el aceite y colarlo, aunque solo se puede usar una o dos veces como máximo.

EMPLATADO

Justo antes de servir, emulsiona la leche de mijo con una batidora de mano. Sirve el mijo en platos y, encima, coloca el filete de merlán confitado. Añade algunas mitades de cereza y, si lo deseas, un poco del jugo de la cocción de las cerezas. Sirve la leche de mijo emulsionada aparte, como salsa.

Col rellena de avena y tocino

No me extraña que la col rellena sea un clásico en Francia: es un plato con un olor y un sabor que resultan muy familiares y reconfortantes. En otoño y en invierno, basta con imaginárselo para entrar en calor. En esta versión, la avena sustituye a una parte de la carne, sin que pierda sabor. Esa es la gracia del tocino ahumado.

RECETA RÁPIDA
PLATO OMNÍVORO
CON GLUTEN

PREPARACIÓN: 25 min
REMOJO DE LOS CEREALES:
12 h mínimo
COCCIÓN: 30 min
GRADO DE DIFICULTAD: medio

PARA 6 PERSONAS

Ingredientes
• 200 g de avena en grano
• 600 ml de agua
• 1 col verde
• 4 cucharadas de aceite de oliva
• sal

EL RELLENO
• 6 zanahorias
• 2 cebollas
• 50 g de tocino ahumado
• 1 cucharada de aceite de oliva
• sal y pimienta negra

La víspera
Pon en remojo la avena en abundante agua.

El mismo día
Escurre y lava la avena. En una sartén, tuéstala ligeramente. Añade 600 ml de agua fría y cuécela 20 minutos a fuego suave.
Mientras tanto, hierve una olla de agua con sal. Prepara un bol grande con agua helada. Quita las hojas de la col. Elige las seis más grandes y escáldalas entre 30 segundos y 1 minuto en el agua hirviendo con sal. A continuación, sumerge las hojas en el agua helada para detener la cocción.

EL RELLENO
Pela las zanahorias y las cebollas. Pica las cebollas. Corta las zanahorias y el tocino en daditos. En una sartén, pon a calentar aceite de oliva.
Añade la cebolla picada y sofríela a fuego suave, sin que llegue a dorarse, 5 minutos. Incorpora los daditos de zanahoria y de tocino; sigue cociéndolo a fuego suave, con la tapa puesta, 15 minutos más. Cuando termine, fuera del fuego, añade la avena cocida y salpimiéntalo.

LAS COLES RELLENAS
Precalienta el horno a 180 °C. En cuencos o platos hondos, extiende una hoja de col escaldada y, en el centro, sirve 1 o 2 cucharadas del relleno. A continuación, dobla los bordes de las hojas de col. En una bandeja para el horno, dispón las hojas de col rellenas, úntalas con aceite de oliva y hornéalas 10 minutos. Finalmente, sirve la col rellena acompañada de una ensalada verde.

Muslos de ave de corral rellenos de espelta pequeña

Esta receta elegante y refinada se elabora con ingredientes de diario. Eso demuestra que no hace falta gastarse una fortuna para preparar un manjar. La textura al mismo tiempo firme y melosa de la espelta pequeña, con su delicado sabor a avellanas, la convierte en el relleno perfecto para la carne de ave de corral.

RECETA LABORIOSA
PLATO OMNÍVORO
CON GLUTEN

PREPARACIÓN: 30 min
REMOJO DE LOS CEREALES:
2 h mínimo / idealmente 12 h
COCCIÓN: 35 min
GRADO DE DIFICULTAD: alto

PARA 6 PERSONAS

Ingredientes

EL AVE DE CORRAL RELLENA
- 600 g de muslos de ave de corral deshuesados, sin piel
- 200 g de espinacas
- 60 g de espelta pequeña
- 120 ml de agua
- 2 cucharadas de aceite de girasol
- sal y pimienta negra

LA GUARNICIÓN
- 100 g de espelta pequeña
- 200 ml de agua
- 3 calabacines amarillos (o verdes; en invierno, puedes sustituirlos por brócoli o espinacas)
- 6 cucharadas de aceite de oliva
- unas gotas de zumo de limón
- sal y pimienta negra
- unas gotas de vinagre de vino blanco
- ½ manojo de verdolaga (opcional)

La víspera
Pon en remojo la espelta pequeña en abundante agua.

El mismo día
LA GUARNICIÓN
En una olla con 200 ml de agua fría, cuece la espelta pequeña a fuego suave, unos 15 minutos. Al final de la cocción, añade la sal. La espelta pequeña debe quedar cocida, pero ligeramente crujiente. Escúrrela y déjala enfriar.
Corta los calabacines en dados grandes. En una sartén con 2 cucharadas de aceite de oliva, dóralos un poco. Cuando empiecen a estar hechos, pero sigan un poco duros, mézclalos con la espelta pequeña. Sazónalos con el zumo de limón, 3 cucharadas del aceite de oliva, sal y pimienta. Lava la verdolaga con un poco de agua y de vinagre de vino blanco. Corta los tallos y escúrrela. Guárdala en frío.

EL AVE DE CORRAL RELLENA
Precalienta el horno a 160 ºC. En una olla con el agua fría, cuece la espelta pequeña unos 15 minutos. Al final de la cocción, añade la sal. La espelta pequeña debe quedar hecha, pero crujiente.
Quita los tallos de las espinacas y escáldalas en agua caliente con sal. Escúrrelas con un trapo limpio.
Extiende los muslos de ave de corral sobre una tabla y salpiméntalos por los dos lados. En una cara, añade una hoja de espinaca y 1 cucharada de espelta pequeña. Con un hilo de cocina, cierra el muslo, formando un rollito.
En una sartén con aceite de girasol, a fuego suave, dora el rollito de ave de corral rellena; a continuación, hornéalo a 160 ºC entre 15 y 20 minutos. Puedes pinchar la carne rellena con una aguja: debe salir muy caliente. Si no es el caso, alarga la cocción unos minutos.

EMPLATADO
Justo antes de servir, calienta la guarnición a base de espelta pequeña. Sírvela en platos hondos. Añade un trozo de muslo relleno encima. Por último, decóralo con la verdolaga ligeramente sazonada con un poco de zumo de limón y 1 cucharada de aceite de oliva.

Pescado rebozado con copos de avena

El pescado rebozado hecho en casa siempre es mejor que el que venden listo para freír. Aunque en España se acostumbra a rebozar con pan rallado, en esta receta de inspiración nórdica se usan copos de avena.

RECETA RÁPIDA
PLATO OMNÍVORO
CON GLUTEN

PREPARACIÓN: 30 min
COCCIÓN: 8 min
GRADO DE DIFICULTAD: medio

PARA 6 PERSONAS

Ingredientes

LA SALSA A LAS FINAS HIERBAS
• ½ manojo de eneldo
• ½ manojo de perejil
• 2 huevos
• 1 cucharada de mostaza
• aceite de pepitas de uva
o de girasol desodorizado
• 1 cucharadita de zumo de limón
• sal

EL PESCADO
• 840 g de filetes de pescado como
el abadejo o el merlán (es decir,
140 g de filete por persona)
• sal fina

EL REBOZADO
• 4 yemas de huevo
• 500 g de copos de avena gruesos
• sal y pimienta negra
• aceite de girasol desodorizado

EMPLATADO
• cuartos de limón

LA SALSA A LAS FINAS HIERBAS

Corta los tallos de las finas hierbas, conservando entera la parte superior de los manojos. Reserva. En una olla con agua hirviendo, cuece los 2 huevos 5- 6 minutos y enfríalos enseguida con agua muy fría. Pela los huevos y tritúralos delicadamente junto con la mostaza; a continuación, añade el aceite, como si montaras una mayonesa. Debes obtener una textura de mayonesa densa. Añade las finas hierbas y vuelve a triturarlo. Por último, incorpora la sal y el zumo de limón. La mezcla debe ser homogénea.

EL PESCADO REBOZADO

En un plato hondo, con un tenedor, bate las yemas de los huevos con sal, pimienta y un chorrito de agua. En otro plato, vierte los copos de avena. Sazona los filetes de pescado con sal. Baña los filetes de pescado en la yema del huevo y después en los copos de avena.

LA COCCIÓN DEL PESCADO

Calienta una sartén con abundante aceite (no lo escatimes; de lo contrario, se te pegará el pescado). Añade los filetes de pescado rebozado y dóralos por los dos lados.

EMPLATADO

Sirve un filete en cada plato, acompañado por la salsa a las finas hierbas. Puedes añadir un cuarto de limón.

Pollo escalfado con caldo de maíz

En este precioso plato completamente amarillo, de sabor dulce por el maíz y el pimiento, aún lucirá más el pollo dorado y escalfado en un caldo de maíz. La temporada del maíz fresco y del pimiento es la misma: durante todo el verano, hasta octubre.

RECETA LABORIOSA
PLATO OMNÍVORO
SIN GLUTEN

PREPARACIÓN: 25 min
COCCIÓN: 45 min
GRADO DE DIFICULTAD: alto

PARA 6 PERSONAS

Ingredientes

EL CALDO DE MAÍZ
• 3 mazorcas de maíz frescas (he usado variedades de colores)
• 3 l de agua
• sal

EL POLLO
• 6 filetes de pollo amarillo (idealmente, porque se ha criado con maíz)
• 1 cucharada de aceite de oliva
• sal

LA GUARNICIÓN
• los granos de maíz sacados de la mazorca
• 3 pimientos amarillos
• 6 cucharadas de aceite de oliva
• sal y pimienta negra

EMPLATADO
• unas gotas de aceite de oliva
• unos pétalos de clavelón (opcional)

EL CALDO DE MAÍZ

Con un cuchillo de pan, corta los granos de maíz de la mazorca fresca. Conserva las mazorcas y los granos de maíz por separado. Introduce las mazorcas sin los granos en una olla con agua (si no caben, puedes trocearlas). Lleva el agua a ebullición y hierve las mazorcas 30 minutos a fuego suave. A continuación, cuela el caldo y añádele sal.

LA COCCIÓN DEL MAÍZ PARA LA GUARNICIÓN

En una olla, cuece los granos de maíz cubiertos de agua, con 2 cucharadas de aceite de oliva y un pellizco de sal, unos 15 minutos. Los granos de maíz deben quedar tiernos, pero crujientes.

LOS PIMIENTOS AMARILLOS

Precalienta el horno a 200 ºC. Corta longitudinalmente los pimientos en dos trozos. Quita la parte blanca y las semillas del interior. En una bandeja para el horno cubierta con papel de horno, dispón las mitades de pimiento con la piel hacia abajo, úntalas con aceite de oliva (unas 4 cucharadas) y sal. Hornéalo 15 minutos, aproximadamente, según la potencia del horno. La piel de los pimientos debe quemarse un poco. Retira la bandeja del horno y tápala con papel de aluminio para que los pimientos se enfríen en su vapor unos 10 minutos. En principio, deberías poder pelar los pimientos a mano sin dificultad. Pélalos todos. Si se deshacen o se trocean, no te preocupes: no hace falta que estén enteros. Corta el pimiento asado en dados grandes. Mézclalos con el maíz hervido y, si es necesario, rectifica el aderezo.

EL POLLO

Pon el caldo de maíz a hervir y después baja el fuego al mínimo. Sumerge los filetes de pollo en el caldo caliente y deja que se escalfen unos 10 minutos. A media cocción, puedes darles la vuelta para que esta sea más homogénea. La carne debe quedar apenas hecha, todavía un poco rosada pero muy firme. Si es necesario, prolonga la cocción unos minutos. Una vez cocido el pollo, retíralo del caldo, escúrrelo y sécalo bien. Calienta una sartén con 1 cucharada de aceite de oliva y dora ligeramente los filetes por un solo lado, así no parecerán «pollo hervido».

EMPLATADO

En platos hondos, sirve la mezcla de maíz y pimiento amarillo. Encima, dispón un filete de pollo por ración y un cucharón pequeño de caldo caliente. Por último, añade unas gotas de aceite de oliva y unos pétalos de clavelón.

Arroz glutinoso con estofado de cordero

A veces, uno tiene antojo (o incluso necesidad) de texturas y sabores reconfortantes sin complicarse demasiado cocinando. Este plato está pensado para esas ocasiones. Todos mis amigos han probado la receta y les ha entusiasmado. Estoy convencida de que también será un éxito rotundo entre los niños, aunque puede que luego lo exijan a menudo.

Lava el arroz 4-5 veces con abundante agua limpia para quitarle el exceso de almidón. Después, ponlo en remojo en abundante agua 30 minutos.

EL ESTOFADO DE CORDERO

Con un mortero o, en su defecto, con un cuchillo, machaca las semillas de cilantro. Pela y pica la cebolla. En una olla grande, calienta ligeramente el aceite de oliva, añade la cebolla picada y los granos de cilantro machacados. Sofríelo a fuego suave. Incorpora el cordero y sube un poco el fuego para que la carne se haga. A continuación, añade la salsa de tomate. Cuécelo a fuego suave unos 20 minutos. Justo antes de servir el estofado, añádele la cúrcuma en polvo y el pimentón dulce ahumado y salpiméntalo.

EL ARROZ

Escurre el arroz y viértelo en una olla con agua fría. El agua debe cubrir el arroz, pero apenas un dedo. Pon una tapa pesada (idealmente, de hierro, como la olla) y hierve el arroz a fuego vivo 15 minutos y después a fuego muy suave 5 minutos más. Apaga el fuego y, sin quitar la tapa, deja que el arroz se acabe de cocer con el vapor residual 10 minutos. Quita la tapa y remueve el arroz delicadamente con una espátula plana. Aprovecha para salpimentarlo.

EMPLATADO

Pica el cebollino. Sirve el arroz caliente y, encima, el estofado de cordero. Espolvoréalo con un poco de cebollino picado.

RECETA RÁPIDA
PLATO OMNÍVORO
SIN GLUTEN

PREPARACIÓN: 20 min
REMOJO DE LOS CEREALES: 30 min
COCCIÓN: 20 min
GRADO DE DIFICULTAD: fácil

PARA 6 PERSONAS

Ingredientes
- 500 g de cordero picado
- 1 cebolla
- 2 cucharadas de aceite de oliva
- 1 cucharada de semillas de cilantro
- 500 g de salsa de tomate
- 1 cucharada de pimentón dulce ahumado
- 1 cucharada de cúrcuma en polvo
- 160 g de arroz japónica
- 240 ml de agua
- sal y pimienta negra

EMPLATADO
- ½ manojo de cebollino

Cuscús de cebada con mújol y verduras de invierno

Descubrí la sémola de cebada en el mejor restaurante de cuscús de Marsella, en mi opinión: el Fémina. Me pareció ligerísima, sin perder su maravilloso sabor a mantequilla. Como en el caso de la sémola de trigo duro, existen diferentes tipos: sémola fina, mediana y gruesa.

RECETA LABORIOSA
PLATO OMNÍVORO
CON GLUTEN

PREPARACIÓN: 30 min
COCCIÓN: 25 min
GRADO DE DIFICULTAD: medio

PARA 6 PERSONAS

Ingredientes

EL CALDO DE VERDURAS
• 2 cucharadas de aceite de oliva
• 1 cucharada de cúrcuma en polvo
• 1 cucharadita de canela en polvo
• 1 cebolla cortada en cuartos
• 2 zanahorias medianas peladas y cortadas en trozos de 2 cm
• 1-2 hojas de laurel
• la ralladura de 1 limón
• 2 chirivías medianas peladas y cortadas en trozos de 2 cm
• ½ calabaza hokkaido sin pelar cortada en trozos de 2 cm
• sal

LA SÉMOLA DE CEBADA
• 500 ml de agua
• 250 g de sémola de cebada mediana
• 20 g de mantequilla en punto de pomada en trocitos
• sal
• 1 chorro de agua de azahar

EL PESCADO
• 500 g de mújol
• 3 cucharadas de aceite de oliva
• sal

EMPLATADO
• ¼ de manojo de cilantro
• la ralladura de 1 limón

EL CALDO DE VERDURAS

En una olla grande, calienta el aceite de oliva y añade la cúrcuma y la canela; al cabo de poco, incorpora la cebolla y las zanahorias. Sofríelo y añade un poco de agua, así como el laurel y la ralladura de limón. Cuécelo con la tapa puesta 10 minutos. Sazónalo. A continuación, añade el resto de las verduras y cuece 10 minutos más, sin quitar la tapa. Resérvalo caliente.

LA SÉMOLA DE CEBADA

Pon agua a hervir. Mientras tanto, añade los trozos de mantequilla y sal a la sémola. Mézclalo con las manos. Vierte el chorro de agua de azahar y vuelve a mezclarlo. Vierte el agua sobre la sémola y tápala. Deja que se hinche durante 5 minutos. Guárdala tapada hasta el momento de servirla.

LA COCCIÓN DEL MÚJOL

Precalienta el horno a 150 °C. Unta el pescado con aceite de oliva y sálalo por los dos lados. Coloca los filetes en una bandeja para gratinar. Con un soplete, tuesta el exterior del pescado, o bien márcalo por los dos lados en una sartén muy caliente, ligeramente engrasada. Puedes cortar los filetes por la mitad. Por dentro deben quedar crudos.
Justo antes de servir el plato, hornea el pescado 5 minutos. Mientras tanto, con un tenedor, remueve la sémola de cebada. Si crees que ha quedado demasiado seca, puedes añadirle un poquito de agua hirviendo o una pizca de mantequilla.

EMPLATADO

Corta las hojas del cilantro. En platos hondos, sirve la sémola de cebada tibia con las verduras y, encima, uno o dos trozos del mújol escalfado. Añade la ralladura de limón y unas hojitas de cilantro.

Rape con espinacas y caldo de trigo sarraceno

RECETA RÁPIDA
PLATO OMNÍVORO
SIN GLUTEN

PREPARACIÓN: 25 min
COCCIÓN: 20 min
GRADO DE DIFICULTAD: alto

PARA 6 PERSONAS

Ingredientes

EL CALDO DE TRIGO SARRACENO
• 300 g de trigo sarraceno tostado (*kasha*)
• 2 l de agua
• sal fina

LA CREMA DE TRIGO SARRACENO
• el trigo sarraceno tostado (*kasha*) cocido en el caldo
• sal fina

LA GUARNICIÓN
• 250 g de espinacas

EL PESCADO
• 900 g de rape (150 g por persona; en la pescadería, pide colas de rape peladas)
• sal gruesa
• 2 cucharadas de aceite de oliva
• sal fina

El trigo sarraceno suele asociarse con la Bretaña, porque se cultiva en esa región francesa y porque allí se preparan las famosas crepes de trigo negro (*galettes*). En general, los ingredientes de un mismo territorio combinan a la perfección. En esta receta, el yodo del rape encaja de maravilla con el sabor tostado del trigo sarraceno.

EL CALDO DE TRIGO SARRACENO
En una olla con el agua, cuece el trigo sarraceno tostado unos 20 minutos. Debe quedar demasiado cocido. Cuela el trigo sarraceno y el caldo por separado. Añade un pellizco de sal y mantén el caldo caliente.

LA CREMA DE TRIGO SARRACENO
Tritura el trigo sarraceno hervido y, si es necesario, incorpora un poco del caldo para obtener una textura homogénea. Añade un pellizco de sal.

EL RAPE
Cubre el rape con sal gruesa y deja el pescado en la nevera 10 minutos. A continuación, lávalo con abundante agua limpia y sécalo con un trapo limpio o con papel absorbente.

LA GUARNICIÓN
Retira el tallo de las espinacas. Lávalas y escúrrelas con un trapo.

LA COCCIÓN DEL RAPE Y DE LAS ESPINACAS
Precalienta el horno a 180 °C. Pon a calentar una sartén antiadherente que pueda ir al horno a temperatura media, añade el aceite de oliva y dora el rape por todos los lados. Termina la cocción del pescado en el horno, 5 minutos, a 180 °C. Saca la sartén del horno y deja reposar el rape 5 minutos antes de cortarlo. En la misma sartén, a fuego medio, rehoga un momento las hojas de espinacas. Si es necesario, rectifica el aderezo.

EMPLATADO
En platos hondos, sirve el equivalente a 1 cucharada de crema de trigo sarraceno caliente. Encima, añade unas hojas de espinacas y un trozo de rape. Por último, vierte un cucharón pequeño de caldo de trigo sarraceno caliente.

Sopas

Conservamos la costumbre de añadir picatostes a las sopas y fideos u otra pasta a los caldos, pero se va perdiendo la tradición de incorporar cereales en grano. Sin embargo, esa clase de recetas aún son muy habituales en muchos países de Europa y en otros continentes.

En este capítulo, encontrarás algunas ideas de otros lugares adaptadas a los gustos, las estaciones y los productos locales. Así, la sopa de masa madre perfumada con manteca de cerdo evoca la gastronomía eslava; la minestrone de alubias blancas y amaranto es una reinterpretación muy libre de la receta tradicional italiana; la crema de calabaza hokkaido y *freekeh* es muy francesa, pero también recuerda vagamente a la sopa chorba...

Caldo de cebada con aceite de perejil

RECETA RÁPIDA
SOPA
CON GLUTEN

PREPARACIÓN: 20 min
REMOJO DE LOS CEREALES:
2 h mínimo / idealmente 12 h
COCCIÓN: 10 min
GRADO DE DIFICULTAD: medio

PARA 6 PERSONAS

Ingredientes

EL CALDO DE CEBADA
• 200 g de cebada perlada
• 2 l de agua
• sal

EL ACEITE DE PEREJIL
• 150 ml de aceite de girasol
• 1 manojo de perejil

Este sabroso caldo de cebada resulta tan reconfortante como el de pollo, pero en realidad es vegetariano. Una manera fabulosa de usar los cereales para encontrarse mejor cuando uno está un poco pachucho o tiene náuseas, cuando necesita entrar en calor o recuperarse de un exceso... ¡pero también cuando se está en plena forma!

La víspera
Pon en remojo la cebada perlada en abundante agua, a temperatura ambiente, entre 2 y 12 horas.

El mismo día
EL CALDO DE CEBADA
Lava con abundante agua la cebada. En una olla con 2 l de agua fría, cuécela unos 10 minutos.

EL ACEITE DE PEREJIL
Mientras tanto, cubre el interior de un colador muy fino o de un chino con un trapo limpio o una gasa para filtrar el aceite. Coloca el recipiente donde caerá el aceite dentro de un bol lleno de agua fría con cubitos de hielo. Calienta el aceite a 70 °C. Pon las hojas de perejil, sin los tallos, en el vaso de una batidora de mano. Vierte encima el aceite a 70 °C. Tritúralo 2 minutos y cuélalo de inmediato con el chino. Es fundamental que el aceite se enfríe enseguida para que conserve el color verde.

EMPLATADO
Justo antes de servir el caldo de cebada, añádele un pellizco de sal y repártelo en cuencos, sazonado con unas gotas de aceite de perejil.

Crema de calabaza hokkaido con *freekeh*

RECETA LABORIOSA
SOPA
CON GLUTEN

PREPARACIÓN: 20 min
REMOJO DE LOS CEREALES:
2 h mínimo / idealmente 12 h
COCCIÓN: 20 min
GRADO DE DIFICULTAD: medio

PARA 6 PERSONAS

Ingredientes

EL ACEITE DE PIPAS DE CALABAZA
• 150 g de pipas de calabaza
• 4 cucharadas de aceite de girasol desodorizado
• sal

LA CREMA DE CALABAZA
• 1 calabaza hokkaido grande o 2 pequeñas
• 3 cucharadas de aceite de oliva
• sal

LA GUARNICIÓN
• 30 g de *freekeh*
• 180 ml de agua
• sal

En otoño y en invierno, la calabaza es una extraordinaria fuente de vitaminas, además de un verdadero consuelo, sobre todo en forma de sopa. Su textura cremosa y su sabor dulce resultan deliciosos con el toque ahumado del *freekeh*, resaltado por el aceite de pipas de calabaza tostadas.

La víspera
Pon en remojo el *freekeh* en abundante agua, a temperatura ambiente, entre 2 y 12 horas.

El mismo día

EL ACEITE DE PIPAS DE CALABAZA
En el horno, a 150 °C, con la función del ventilador, tuesta ligeramente las pipas de calabaza unos 10 minutos. Cuando las semillas estén un poco doradas, tritúralas aún calientes con el aceite y un poco de sal para obtener una textura de masa untable.

LA CREMA DE CALABAZA HOKKAIDO
Con un cuchillo de pan, corta las dos puntas de la calabaza y quita las semillas del interior. Con el mismo cuchillo, corta la calabaza en rodajas, sin pelarla. En una olla grande, cuécela con un poco de agua unos 20 minutos. Tritura la calabaza hervida y sazónala con el aceite de oliva y un poco de sal.

LA COCCIÓN DEL *FREEKEH*
En una olla con el agua fría, hierve el *freekeh* unos 10 minutos, a fuego muy suave. Cuando esté esponjoso, pero firme, déjalo reposar 10 minutos fuera del fuego, con la tapa puesta. Sazónalo y sírvelo templado.

EMPLATADO
Sirve la crema de calabaza hokkaido en cuencos. Añade una cucharadita del aceite de pipas de calabaza y el *freekeh*.

Sopa de masa madre perfumada con manteca de cerdo

RECETA LABORIOSA
SOPA
CON GLUTEN

PREPARACIÓN: 20 min
REPOSO: 72 h
COCCIÓN: 20 min
GRADO DE DIFICULTAD: medio

PARA 6 PERSONAS

Ingredientes

LA MASA MADRE
- 100 g de harina de centeno
- 300 ml de agua

LA SOPA
- 1 cebolla
- ¼ de raíz de apio
- 1 puerro
- 80 g de manteca de cerdo
- 3 cucharadas de aceite de oliva
- sal y pimienta negra

EMPLATADO
- unas gotas de aceite de avellanas (o de otro aceite de tu elección)
- picatostes (opcional)
- hierbas aromáticas frescas (opcional)

Preparar una sopa de masa madre no tiene nada de extraño; es una tradición en todos los países donde se hace pan, porque la masa madre es tan abundante que siempre sobra. Se trata de un plato nutritivo, lleno de vitaminas y de minerales, con un sabor a la vez cálido y acidulado. La manteca de cerdo le da un delicioso sabor rústico de antaño.

3 días antes de preparar la receta

LA MASA MADRE
En un bol grande, pon la harina de centeno y vierte el agua encima. Mézclalo y cubre el bol con un trapo limpio. Deja que fermente en un lugar limpio y seco, idealmente a unos 25 °C. Mezcla la masa madre a diario con una cuchara limpia. Al cabo de 72 horas, la masa madre se habrá hinchado y desprenderá un olor y un sabor agrios. Ya está lista para elaborar la sopa.

El mismo día

LA SOPA
Pela la cebolla y la raíz de apio. Lava la raíz de apio y el puerro. Corta en juliana todas las verduras y consérvalas por separado. Corta la manteca de cerdo en trozos de unos 2 cm.
En una olla, calienta el aceite de oliva, añade la cebolla y sofríela sin que llegue a dorarse. Incorpora la raíz de apio, el puerro y la manteca de cerdo. Salpimiéntalo.
Cúbrelo de agua, aproximadamente unos 2 dedos por encima de las verduras. Cuécelo a fuego suave unos 15 minutos. Añade la masa madre, llévalo a ebullición y retíralo del fuego. Vierte la mezcla en el recipiente de la picadora de cocina (no hace falta que pongas toda el agua de la cocción, si crees que hay demasiada). Tritúralo y, si es necesario, rectifica el aderezo.

EMPLATADO
Sirve la sopa en una sopera o en cuencos con unas gotas de aceite de avellanas. Puedes añadir unos picatostes o hierbas aromáticas frescas, si lo deseas.

Sopa de tomate con quinoa roja y cebolla tierna

RECETA RÁPIDA
SOPA
SIN GLUTEN

PREPARACIÓN: 20 min
COCCIÓN: 25 min
GRADO DE DIFICULTAD: medio

PARA 6 PERSONAS

Ingredientes

LA SOPA DE TOMATE
• 1 kg de tomates
• 2 cebollas amarillas
• 2 cucharadas de aceite de oliva
• sal y pimienta negra

LA GUARNICIÓN
• 60 g de quinoa roja
• 120 ml de agua
• 3 tomates de colores
(verdes, negros, amarillos...)
de tamaño medio
• 2 cebollas tiernas pequeñas
• 4 cucharadas de aceite de oliva
• unas flores de capuchina (opcional)
• sal

La base de esta sopa estival que se sirve fría recuerda vagamente al gazpacho, pero no tiene un sabor tan intenso. En esta receta, los aromas son más sutiles, con el propósito de no restarle protagonismo a los tomates. ¡Elige los mejores, pues! La quinoa, que rueda por la lengua y cruje entre los dientes, le da cuerpo. En días calurosos, esta bonita sopa puede ser un plato único.

LA SOPA DE TOMATE
Escalda y pela los tomates; córtalos en cuartos. Resérvalos. Pela y pica las cebollas. En una sartén con aceite de oliva, sofríelas un poco a fuego suave, sin que lleguen a dorarse. Añade los cuartos de tomate, un poco de agua, sal y pimienta negra. Cuécelo a fuego medio, con la tapa puesta, 10 minutos.
Quita la tapa y sigue cociéndolo a fuego suave 10-15 minutos más. Cuando la sopa empiece a espesarse, tritúrala. Si es necesario, rectifica el aderezo. Deja que se enfríe.

LA GUARNICIÓN
En una olla con el agua fría, cuece la quinoa a fuego suave 15 minutos. Al final de la cocción, añade un pellizco de sal. Deja que la quinoa repose 5 minutos, con la tapa puesta.
Escalda y pela los tomates de colores y córtalos en rodajas finas.
Corta las cebollas tiernas en juliana.

EMPLATADO
Sirve la sopa de tomate fría en platos hondos o cuencos. Añade la quinoa, así como unas rodajas de tomate y unas tiras de cebolla tierna. Por último, añade unas gotas de aceite de oliva y pétalos de capuchina.

Minestrone de alubias blancas y amaranto

La minestrone es una sopa italiana a base de verduras y legumbres, muy copiosa, que a menudo también lleva pasta o arroz. Esta receta es una reinterpretación bastante libre que le da cierta ligereza, una forma original y delicada, así como un sabor a la vez muy suave y perfumado.

RECETA RÁPIDA
SOPA
SIN GLUTEN

PREPARACIÓN: 15 min
TIEMPO DE REMOJO: 12 h mínimo
COCCIÓN: 45 min
GRADO DE DIFICULTAD: medio

PARA 6 PERSONAS

Ingredientes
- 2 ramitas de tomillo
- 2 ramitas de salvia
- 300 g de alubias blancas
- 1,5 l de agua (para la cocción)
- 100 g de amaranto negro, blanco o rojo
- 3 cucharadas de aceite de oliva
- 2 cucharadas de zumo de limón
- sal y pimienta negra

La víspera
Pon en remojo las alubias blancas en abundante agua al menos 12 horas.

El mismo día
LAS ALUBIAS BLANCAS
En una bolsita de tela con un filtro dentro para cocinar, introduce las ramitas de tomillo y salvia.
En una olla con el agua fría, hierve las alubias blancas. Añade la bolsita con las hierbas aromáticas. Cuécelo a fuego suave 30 minutos. Las alubias deben quedar tiernas, pero enteras.
Con un cucharón, quita la mitad de las alubias hervidas y la mitad del agua de la cocción. Alarga la cocción de la mitad restante 15 minutos. Al final, añade un pellizco de sal. Deja que la otra mitad de alubias se enfríe en un recipiente aparte (con el agua de la cocción).
Escurre la mitad de las alubias más cocidas y tritúralas aún calientes. Si es necesario, añade un poco de agua para obtener una mezcla muy homogénea, que tenga la consistencia de una crema.

EL AMARANTO
En una olla con 150 ml de agua fría, cuece el amaranto a fuego suave 10 minutos.
Al final de la cocción, añade un pellizco de sal. Deja que se enfríe.

EL ADEREZO
Escurre las alubias blancas enteras, pero no tires el agua de la cocción. Resérvala. Mezcla las alubias blancas enteras con el amaranto y sazónalo con el zumo de limón, el aceite de oliva, la sal y la pimienta negra.

EMPLATADO
En un plato hondo, sirve una cucharada grande de la crema de alubias blancas. Encima, añade la mezcla de amaranto y alubias blancas.
Por último, vierte un poco del agua de la cocción de las alubias blancas y unas gotas de aceite de oliva.

Sopa de arroz rojo con pepino y chalotas fritas

RECETA LABORIOSA
SOPA
SIN GLUTEN

PREPARACIÓN: 20 min
REMOJO DE LOS CEREALES:
12 h mínimo / 24 h idealmente
COCCIÓN: 1 h 30 min
GRADO DE DIFICULTAD: fácil

PARA 6 PERSONAS

Ingredientes

LA SOPA DE ARROZ
• 200 g de arroz rojo
• 2 l de agua
• sal y pimienta negra

LAS CHALOTAS FRITAS
• 2 chalotas
• 150 g de fécula de patata
• 200 ml de aceite de girasol
• sal

EL PEPINO MARINADO
• 1 pepino
• 3 cucharadas de zumo de limón
• 2 cucharadas de aceite de oliva
• sal y pimienta negra

Esta receta está inspirada libremente en el congee, una sopa de arroz china que se elabora cociendo arroz durante mucho tiempo en una gran cantidad de agua. Es el desayuno tradicional típico en China, muy digestivo y a la vez muy versátil: se le puede añadir cualquier ingrediente. Esta versión con arroz integral es muy suave y a la vez crujiente.

La víspera
Pon en remojo el arroz en abundante agua, a temperatura ambiente, durante 24 horas.

El mismo día
LA SOPA DE ARROZ
En una olla con el agua fría, cuece el arroz a fuego muy suave al menos 1 h 30 min. El arroz debe quedar muy muy hecho, casi como un puré. Al final de la cocción, salpimiéntalo.

LAS CHALOTAS FRITAS
Pela y pica las chalotas. En un bol grande, vierte la fécula de patata y baña las chalotas en ella. A continuación, ponlas en un colador o un chino para retirar el exceso de fécula.
En una sartén, calienta el aceite de girasol a 180 °C. Sumerge las chalotas en el aceite una vez unos 30 segundos. Escúrrelas encima de papel absorbente y vuélvelas a freír. Deben quedar muy crujientes y doradas. Añádeles sal y resérvalas en un lugar seco.

EL PEPINO MARINADO
Con un buen cuchillo o una mandolina, pela el pepino y córtalo en rodajas muy finas. Ponlo a marinar con el zumo de limón, el aceite de oliva, la sal y la pimienta negra.

EMPLATADO
En cuencos o en platos hondos, sirve la sopa de arroz muy caliente. Encima, añade las chalotas fritas, las rodajas de pepino y un poco del jugo de la marinada.

Crema de coliflor
y espelta pequeña

En esta crema de coliflor, la espelta pequeña hace de aglutinante. Casi nunca se habla de los aglutinantes a base de cereales, pero forman parte de las técnicas fundamentales de la cocina española y francesa, especialmente los aglutinantes de arroz en los potajes y las sopas de Auguste Escoffier.

PREPARACIÓN: 15 min
REMOJO DE LOS CEREALES:
2 h mínimo / idealmente 12 h
COCCIÓN: 30 min
GRADO DE DIFICULTAD: fácil

PARA 6 PERSONAS

Ingredientes
- 1 coliflor grande o 2 pequeñas
- 2 puñados de espelta pequeña
- 1 pellizco de nuez moscada
- 1 chorrito de aceite de avellanas
- sal

La víspera
Pon en remojo la espelta pequeña en cuatro veces su volumen de agua, a temperatura ambiente.

El mismo día
Retira la base y las hojas de la coliflor. Córtala en ramilletes grandes y ponla en una olla grande, cubierta de agua, junto con los dos puñados de espelta pequeña. Hiérvelo a fuego muy suave unos 30 minutos. Al final de la cocción, añade un pellizco de sal.
Cuela por separado la coliflor y la espelta pequeña, por una parte, y el agua de la cocción, por otra. Tritúralo, añadiendo poco a poco el agua de la cocción. Debes obtener una crema fluida y homogénea. Sazónala con sal y nuez moscada.
Sirve la crema de coliflor y espelta pequeña en cuencos individuales, con un chorrito de aceite de avellanas.

Sopa de maíz y espinacas

RECETA RÁPIDA
SOPA
SIN GLUTEN

PREPARACIÓN: 25 min
COCCIÓN: 20 min
GRADO DE DIFICULTAD: fácil

PARA 6 PERSONAS
Ingredientes

LA CREMA DE MAÍZ
• 6 mazorcas de maíz frescas
• sal fina
• 30 g de mantequilla sin sal

LA SOPA DE ESPINACAS
• 500 g de espinacas
• sal gruesa
• sal fina

El maíz es perfecto para preparar cremas. Con su sabor dulce y su consistencia cremosa, parece hecho para elaborar sopas, sobre todo si llevan un toque de mantequilla. Las espinacas contrastan con esa suavidad, aportando un toque de color muy llamativo.

LA COCCIÓN DEL MAÍZ
Con un cuchillo de pan, corta los granos de maíz de las mazorcas frescas. Conserva las mazorcas y los granos de maíz por separado. Puedes guardar las mazorcas sin los granos para preparar un caldo en otro momento. En una olla con agua que cubra los granos de maíz, con una pizca de sal, cuécelos a fuego suave unos 20 minutos. Si es necesario, añade un poco más de agua durante la cocción.

LA SOPA DE ESPINACAS
Mientras se cuece el maíz, escalda las hojas de espinacas unos 30 segundos en agua hirviendo con abundante sal. Enfría las espinacas en agua helada para detener la cocción y fijar su color verde. Escurre las hojas de espinacas, primero con un colador y luego con un trapo bien limpio: extiende las espinacas en el trapo y apriétalo al máximo para extraer toda el agua. No debe quedar ni una gota.
Hierve el equivalente a 500 ml de agua. Tritura las espinacas con un poco del agua hirviendo. Añade más agua según la consistencia que obtengas. Vuelve a triturar para que la sopa quede muy homogénea. Rectifica de sal.

LA CREMA DE MAÍZ
Escurre el maíz, sin tirar el agua de la cocción, e introdúcelo en el recipiente de la picadora de cocina. Incorpora despacio el agua de la cocción, pero no toda. Aereza la crema de maíz y añádale la mantequilla. Vuelve a triturarla para obtener una textura homogénea.

EMPLATADO
En cuencos o en platos hondos, sirve un cucharón de crema de maíz. Encima, añade un poco de la sopa de espinacas y, si lo deseas, haz un dibujo en la superficie.

Bocados

Nos encantan los bocados crujientes, como tentempié o a la hora del aperitivo. Los cereales son ideales para conseguir texturas ruidosas. Este capítulo surgió cuando empecé a elaborar las recetas del libro. Los cereales se prestan particularmente a esa clase de recetas dulces o saladas. Aquí encontrarás ideas originales que te recordarán que merece la pena cocinar piscolabis.

Desde las galletitas de mantequilla y harina de maíz con naranja confitada hasta las chips de arroz, pasando por el *millas* de Ariège caramelizado, estos bocados de todos los colores son verdaderos manjares en miniatura que puedes compartir o devorar a solas en diferentes horas del día.

Galletas crujientes de trigo sarraceno

RECETA RÁPIDA
BOCADO
SIN GLUTEN

PREPARACIÓN: 10 min
COCCIÓN: 10 min
GRADO DE DIFICULTAD: fácil

PARA 6 PERSONAS

Ingredientes
• 150 g de harina de trigo sarraceno
• 100 g de trigo sarraceno tostado (*kasha*)
• 20 ml de agua
• 1 cucharada de miel
• 1 pellizco de sal
• 1 cucharada de aceite de girasol

Estas exquisitas crackers sin gluten, hechas con trigo sarraceno, se preparan en un abrir y cerrar de ojos. Puedes dárselas a los niños para merendar, untadas con algo, o a tus amigos, en el aperitivo, con un trozo de queso.

Precalienta el horno a 160 ºC. Mezcla la harina de trigo sarraceno y el trigo sarraceno tostado. Añade el agua y la miel. Con una espátula, mézclalo. Incorpora el aceite y la sal; vuelve a mezclarlo con la espátula. Extiende esa masa encima de papel de horno o de una hoja de silicona, formando una fina capa de aproximadamente 0,25 cm de grosor. Hornéala unos 10 minutos, hasta que la galleta crujiente esté muy dorada. Saca la bandeja del horno y deja que se enfríe. A continuación, con las manos, corta trozos grandes e irregulares.

Hojas de shiso rellenas de arroz y frambuesas

Estos rollitos de color púrpura son muy ricos en vitaminas y minerales, dada la gran variedad de hierbas frescas que contienen. Su intenso sabor queda suavizado por el dulzor de las pasas y la textura un poco glutinosa del arroz blanco, que, además, permite que los rollitos no se desmoronen.

RECETA RÁPIDA
BOCADO
SIN GLUTEN

PREPARACIÓN: 25 min
REMOJO DE LOS CEREALES: 30 min
COCCIÓN: 15 min
GRADO DE DIFICULTAD: medio

PARA 6 PERSONAS

Ingredientes
· 6 hojas grandes de shiso rojo

EL RELLENO DE ARROZ
· 250 g de arroz redondo
· 200 g de pasas
· ½ manojo de perejil
· ½ manojo de menta
· 1 manojo de hojas de remolacha coloreadas (solo los tallos) (opcional)
· 250 g de frambuesas frescas
· 3 cucharadas de vinagre de frutos rojos
· 3 cucharadas de aceite de oliva
· sal y pimienta negra

EL RELLENO DE ARROZ

Lava el arroz 4-5 veces con agua limpia y luego ponlo en remojo 30 minutos en abundante agua. Escúrrelo y viértelo en una olla con agua fría. El agua debe cubrir el arroz, pero apenas un dedo.
Pon una tapa pesada (idealmente, de hierro, como la olla) y hierve el arroz a fuego vivo 15 minutos y después a fuego muy suave 5 minutos más. Apaga el fuego y, sin quitar la tapa, deja que el arroz se acabe de cocer con el vapor residual 10 minutos.
Mientras tanto, rehidrata las pasas en agua hirviendo unos 15 minutos, con la tapa puesta. Corta las puntas del perejil y la menta. Pica los tallos de perejil, menta y remolacha. Aplasta las frambuesas.
Quita la tapa del arroz y remuévelo delicadamente con una espátula plana, sin aplastar los granos. Aderézalo con el vinagre de frutos rojos, el aceite de oliva, la sal y la pimienta negra. Deja que se enfríe y añade las hierbas aromáticas, las pasas rehidratadas y las frambuesas. Mézclalo bien.

LOS ROLLITOS

Extiende una hoja grande de shiso y úntala con aceite de oliva. En el centro, dispón un poco del relleno de arroz y haz rollitos, como si prepararas hojas de parra rellenas: dobla la parte inferior de la hoja y después enróllala hacia arriba.

Chips de arroz

Las chips de arroz que venden en los supermercados asiáticos son un aperitivo delicioso, pero a menudo contienen aditivos poco sanos. Esta versión casera es sencillísima, mucho más natural y fina, crujiente y ligeramente inflada.

RECETA LABORIOSA
BOCADO
SIN GLUTEN

PREPARACIÓN: 10 min
REMOJO DE LOS CEREALES: 12 h
SECADO: 3 h
COCCIÓN: 15 min
GRADO DE DIFICULTAD: medio

PARA 6 PERSONAS

Ingredientes
• 200 g de arroz redondo para *risotto*
• 300 ml de agua
• sal
• 1,5 l de aceite para freír

La víspera
Pon en remojo el arroz en abundante agua.

El mismo día
Precalienta el horno a 80 ºC.

LA MASA DE LAS CHIPS
Escurre y lava el arroz. En una olla con el agua fría, cuécelo a fuego muy suave unos 15 min, hasta que absorba el agua. El arroz debe quedar demasiado hecho. Si no es el caso, añade un poco de agua y alarga la cocción 5 minutos. A continuación, tritura el arroz caliente para obtener una masa homogénea.

EL SECADO
Con una espátula acodada (o un cuchillo sin sierra), extiende la masa en una bandeja de pastelería. La capa no debe ser demasiado fina. Hornea la masa 3 horas. Una vez seca, la masa se resquebraja, formando hojas de arroz que ya prácticamente se pueden freír. Si no es el caso, puedes cortar a mano trozos de hojas de arroz de unos 5 cm de lado.

LA COCCIÓN
En una olla grande o en una sartén, calienta el aceite a 180 ºC. Prepara un plato con dos capas de papel absorbente para escurrir las chips de arroz cuando acabes de freírlas.
Introduce las hojas de arroz secas en el aceite, procurando que no te salpique. Fríelas 1 minuto aproximadamente. Con una espumadera o unas pinzas de cocina, puedes darles la vuelta con delicadeza para que la cocción sea uniforme. Las chips deben hincharse un poco y dorarse. Retíralas del aceite y déjalas en el plato con papel absorbente. Añádeles sal y espera a que se enfríen un poco antes de servirlas de inmediato o en cualquier momento.

Yogur con bulgur a las finas hierbas al estilo *keshke*

RECETA RÁPIDA
BOCADO
CON GLUTEN

PREPARACIÓN: 10 min
REMOJO DE LOS CEREALES: 12 h
GRADO DE DIFICULTAD: fácil

PARA 6 PERSONAS

Ingredientes
- 20 g de nueces
- 100 g de bulgur grueso
- 400 g de yogur griego
- 1 cucharada de menta seca
- 1 manojo de perejil
- sal y pimienta negra
- 1 cucharada de aceite de oliva

El *keshke* es una elaboración sencilla y fresca pero muy apetitosa que forma parte del *mezze* en Siria y el Líbano. Se prepara con una técnica mágica, que consiste en «cocer» el bulgur rehidratándolo en yogur.

La víspera
Con un cuchillo, pica las nueces. Rehidrata el bulgur con el yogur, las nueces picadas y la menta seca. Resérvalo en la nevera 12 horas.

El mismo día
Retira las hojas del perejil y córtalas un poco. Sazónalas con sal, pimienta negra y aceite de oliva para obtener una especie de pesto de perejil. Añádelo al bulgur rehidratado con yogur y menta fresca.

EMPLATADO
Sírvelo muy frío. Esta preparación se puede comer a cualquier hora del día, por la mañana como desayuno salado, a mediodía acompañada de una ensalada o a la hora del aperitivo con una tostada.

Galletitas crujientes de avena y semillas con crema de avena, remolacha y aceite de geranio

Esta receta es ideal para un picoteo sofisticado. También puedes preparar únicamente las crackers de avena y de semillas: a la hora del aperitivo, son el acompañamiento perfecto de un humus o de un yogur.

RECETA LABORIOSA
BOCADO
CON GLUTEN

PREPARACIÓN: 30 min
REMOJO DE LOS CEREALES:
2 h mínimo / idealmente 12 h
COCCIÓN: 35 min
GRADO DE DIFICULTAD: medio

PARA 6 PERSONAS

Ingredientes

LAS GALLETITAS CRUJIENTES
- 100 g de copos de avena
- 50 g de semillas de lino
- 25 g de pipas de girasol
- 25 g de pipas de calabaza
- 25 g de semillas de sésamo
- 2 cucharadas de harina de arroz
- 25 ml de aceite de pepitas de uva
- 1 pellizco de sal

LA CREMA DE AVENA
- 50 g de copos de avena
- 100 ml de agua
- 1 pellizco de sal

LA REMOLACHA
- 1 remolacha pequeña (de 80 g)

EL ACEITE DE GERANIO
- 50 ml de aceite de pepitas de uva
- 5 flores de geranio

EMPLATADO
- sal
- 1 limón
- 6 flores de geranio rosa (opcional)

Precalienta el horno a 170 °C.

LA REMOLACHA
Envuelve la remolacha con papel de aluminio y hornéala 30 minutos.

LAS GALLETITAS CRUJIENTES
Mientras tanto, mezcla los copos de avena, las semillas y la harina de arroz. Añade un poco de agua hasta que todos los ingredientes estén ligados, formando una especie de masa. Añádele aceite y sal.
Pon la masa en una hoja de papel de horno.
Encima, dispón otra hoja de papel de horno para poder extender la masa con un rodillo, hasta que tenga un grosor de aproximadamente 0,5 cm. Hornea la masa (junto con la remolacha, que seguirá asándose) en una bandeja de pastelería unos 20 minutos.
Deja que se enfríe en la encimera y, con las manos, corta crackers que quepan en la boca.

LA CREMA DE AVENA
Mientras la remolacha y las galletitas crujientes están en el horno, mezcla los copos de avena, la sal y el agua. Con una batidora de mano, tritúralo hasta obtener una masa homogénea y algo pegajosa. Si es necesario, añade un poco de agua.

LA REMOLACHA
Al cabo de 30 minutos, comprueba que está cocida clavándole la punta de un cuchillo. La remolacha debe estar tierna. Deja que se enfríe y, con un cuchillo o una mandolina, córtala en láminas de 0,5 cm de grosor.

EL ACEITE DE GERANIO
Calienta el aceite de pepitas de uva a 70 °C. Una vez que alcance esa temperatura, añade las flores de geranio y deja que se infusionen, con la tapa puesta, al menos 15 minutos. Puedes conservar el aceite en la nevera con las flores dentro varias semanas.

PRESENTACIÓN
Aderaza las láminas de remolacha con un poco de sal, zumo de limón y unas gotas de aceite de geranio. Sirve la crema de avena: más o menos, 1 cucharadita por galleta. Encima, añade una lámina de remolacha sazonada y, si lo deseas, unos pétalos de geranio.

Galletitas de mantequilla
y harina de maíz con naranja confitada

¡Estas deliciosas galletas van a volar! Su textura mantecosa, su sabor a maíz y sus exquisitas pepitas de naranja confitada son adictivos. No llevan azúcar, pero son suficientemente espesas como para colmar el deseo de dulce y de salado a la vez.

RECETA LABORIOSA
BOCADO
SIN GLUTEN

PREPARACIÓN: 25 min
COCCIÓN: 20 min
GRADO DE DIFICULTAD: fácil

PARA UNAS 15 GALLETAS DE 25 G

Ingredientes
- 50 g de naranja confitada
- 250 g de mantequilla fría en dados
- 330 g de harina de maíz muy fina
- la ralladura de 1 naranja
- 1 pellizco de sal
- 2 cucharadas de miel

Precalienta el horno a 180 °C.
Corta la naranja confitada en daditos. Mezcla la mantequilla, la sal y la harina de maíz con las manos hasta obtener una masa. Añade los daditos de naranja confitada y la ralladura de naranja. Amásalo 1 minuto en una superficie fría y ligeramente enharinada.
Con un rodillo, extiende la masa, que debe tener un grosor de 1,5 cm, entre dos hojas de papel de horno, hasta obtener una superficie lisa.
Corta círculos de 6 cm de diámetro. Presta atención al manipularlos, porque las galletas son muy quebradizas.
Dispón las galletas en una bandeja para el horno cubierta con papel de horno y hornéalas unos 20 minutos, hasta que tengan un bonito color.
Sácalas del horno, deja que se enfríen y, con un pincel de cocina, úntalas con miel.

Tempura de hojas de consuelda con harina de avena

**RECETA RÁPIDA
BOCADO
CON GLUTEN**

PREPARACIÓN: 10 min
COCCIÓN: 5 min
GRADO DE DIFICULTAD: fácil

PARA 6 PERSONAS

Ingredientes
- 1 l de aceite para freír
- 12 hojas de consuelda
- 150 g de harina de avena
- 250 ml de agua muy fría
- sal

La consuelda, prima de la borraja, es una planta silvestre muy extendida, comestible, que se usa desde la noche de los tiempos por sus virtudes medicinales. Esta tempura ligera con harina de avena, que tiene un sabor tostado, subraya su asombroso gusto a yodo.

Vierte el aceite en una olla o en una sartén y caliéntalo a 180 ºC. Si las hojas de consuelda están sucias, sumérgelas en un bol grande lleno de agua, lávalas y sécalas con un trapo. Deben estar completamente secas.

LA MASA DE LA TEMPURA

En un bol grande, vierte la harina de avena. Poco a poco, añade el agua fría, mezclándolo con una varilla para que no se formen grumos. Aderézalo y sigue removiendo hasta obtener una masa homogénea.

LA COCCIÓN

Prepara un plato con dos capas de papel absorbente en el que puedas dejar las hojas de consuelda fritas.

La mejor técnica para no quemarse es utilizar unas pinzas de cocina con las que sujetar las hojas de consuelda por el tallo a la hora de sumergirlas en la masa de la tempura. Las hojas deben quedar cubiertas de masa, pero sin excesos. Fríe las hojas de consuelda en el aceite caliente 1 minuto aproximadamente.

Deben dorarse ligeramente. Con una espumadera o con las pinzas de cocina, puedes darles la vuelta delicadamente en el aceite para que la cocción sea más uniforme. Retira las hojas del aceite y déjalas en el plato con el papel absorbente. Espolvorea un pellizco de sal. La tempura de consuelda debe tomarse lo más caliente posible, sin quemarse la lengua.

Millas de Ariège caramelizado

RECETA LABORIOSA
BOCADO
SIN GLUTEN

PREPARACIÓN: 15 min
REPOSO: 1 h mínimo / idealmente 12 h
COCCIÓN: 7 min
GRADO DE DIFICULTAD: fácil

PARA 6 PERSONAS

Ingredientes
· 250 g de leche entera
· 65 g de harina de maíz
· 2 cucharadas de agua de azahar
· 4 cucharadas de azúcar blanco
· un poco de aceite de girasol
desodorizado

Esta especialidad de Ariège, una región del sur de Francia que linda con España, recuerda un poco a las torrijas; lleva muy pocos ingredientes: principalmente, harina de maíz y leche. El *millas* tradicional se cuece a la sartén con grasa de pato o de cerdo, pero esta versión más ligera está hecha con un poco de aceite.

En una olla, calienta la leche. Cuando rompa a hervir, vierte la harina en forma de lluvia, removiéndola enérgicamente con una varilla, hasta obtener una masa que no se pegue a las paredes de la olla. Sigue removiendo con una espátula de madera para deshacer los posibles grumos y añade el agua de azahar.
En una bandeja cubierta con papel de horno, extiende la masa con un grosor de 1,5 cm. Cúbrela con una hoja de papel de horno y prénsala con un rodillo para obtener una superficie homogénea. Pon la bandeja con la masa en la nevera al menos 1 hora e, idealmente, 12 horas.
Con un cortamasas circular de unos 6 cm de diámetro, corta discos de masa y espolvoréalos con el azúcar blanco.
En una sartén antiadherente con un poco de aceite de oliva, a fuego suave, dora las dos caras de los discos de masa.
Sirve los *millas* calientes y, si te apetece, cómetelos con las manos.

Postres

Los cereales tienen un papel destacado en los postres, especialmente en la pastelería, así como en el desayuno. Para colmar ese antojo de dulce, propongo un bizcocho de trigo sarraceno con higos, un bizcocho de sémola de maíz con melocotones o una tarta rústica de pera con harina de centeno.

También se puede dar un paso más y aprovechar las texturas cremosas de los cereales para probar el fabuloso flan verde de *freekeh* y aceite de hojas de higuera, la deliciosa crema dulce de mijo y manzana o el extravagante ruibarbo confitado con tomillo, acompañado de una crema diplomática de cebada.

Crema dulce de mijo y manzana

Esta crema dulce vegetariana puede sustituir perfectamente a las natillas, que acostumbran a llevar huevos y leche. Tiene un sabor muy intenso a cereales. Es ideal para acompañar un bizcocho, en lugar de nata montada.

RECETA RÁPIDA
POSTRE
SIN GLUTEN

PREPARACIÓN: 30 min
COCCIÓN: 30 min
GRADO DE DIFICULTAD: fácil

PARA 6 PERSONAS
Ingredientes

LA COMPOTA DE MANZANA
• 6 manzanas
• 100 ml de agua

LA CREMA DULCE DE MIJO Y MANZANA
• 250 g de mijo
• 900 ml de agua
• 4 cucharadas de miel
• 150 de la compota de manzana

EMPLATADO
• 1 manzana

LA COMPOTA DE MANZANA

Pela las manzanas, córtalas en cuartos y quita las semillas. Corta los cuartos en láminas muy finas. Pon las manzanas laminadas en una olla con el agua y cuécelas a fuego suave, con la tapa puesta.
Déjalas cocer unos 20 minutos, comprobando de vez en cuando que no se pegan al fondo de la olla. Si es necesario, añade más agua. Al final de la cocción, las manzanas deben tener una textura parecida a la de una compota.

LA CREMA DE MIJO

Mientras preparas la compota de manzana, vierte el mijo y 800 ml de agua fría en una olla y cuécelo a fuego suave unos 30 minutos, removiendo regularmente con una espátula de madera. El mijo debe absorber casi toda el agua.
Vierte el mijo caliente en el recipiente de una picadora de cocina. Añade la miel, los 100 ml de agua restante y la compota de manzana; bátelo todo. Debes obtener una crema homogénea. Deja que se enfríe y sírvela muy fría. Si quieres, puedes removerla un poco antes.

EMPLATADO

Con una mandolina o un cuchillo, lamine la manzana. Cuenta 3 láminas de manzana por persona. En cuencos o bien en platos hondos, sirve el equivalente a un cucharón de crema de mijo. Encima, dispón las láminas de manzana.

Bizcocho de trigo sarraceno con higos

Este bizcocho es particularmente esponjoso porque lleva un puré de higos. Aprovecha la temporada de higos para prepararlo, pero no dudes en repetir la receta el resto del año con higos congelados o secos.

RECETA LABORIOSA
POSTRE
SIN GLUTEN

PREPARACIÓN: 35 min
COCCIÓN: 1 h
GRADO DE DIFICULTAD: fácil

PARA UN MOLDE DESMONTABLE
DE 20 CM DE DIÁMETRO (6 PORCIONES)

Ingredientes
- 250 g de higos frescos o secos
- 250 g de harina de trigo sarraceno
- 150 de almendra molida
- 1 cucharada de levadura
- 1 pellizco de sal
- 4 huevos
- 100 g de azúcar
- 150 ml de aceite de girasol
- la ralladura de 1 limón

EL MOLDE
- 25 g de mantequilla en punto de pomada
- 20 g de harina de trigo sarraceno

PRESENTACIÓN
- 8 higos frescos no demasiado maduros

EL BIZCOCHO

Si vas a usar higos secos, hierve 1 litro de agua. Introduce los higos secos en la olla y deja que se hidraten a fuego muy suave al menos 15 minutos. También puedes rehidratarlos la víspera. Si vas a usar higos frescos, sáltate este paso.

Precalienta el horno a 160 °C. Con una batidora de mano, tritura los higos frescos o rehidratados. Puede quedar algún trocito. Resérvalo. Mezcla la harina de trigo sarraceno, la almendra molida, la levadura y la sal. Bate los huevos y el azúcar, hasta que la mezcla sea muy espumosa. Viértela progresivamente en la mezcla a base de harina. Con una varilla, mézclalo bien. A continuación, añade el aceite de girasol, los higos triturados y la ralladura de limón.

Unta un molde desmontable con la mantequilla en punto de pomada y la harina. Vierte la masa y hornéala 1 hora. Comprueba que el bizcocho está hecho clavándole la punta de un cuchillo. Debe salir seca. Deja que se enfríe y desmóldalo.

PRESENTACIÓN

Con un cuchillo, corta los higos frescos en láminas finas. Disponlas encima del bizcocho, formando una espiral, empezando por la parte exterior. Sirve el bizcocho frío, acompañado de una crema inglesa o de una ensalada de fruta de otoño.

Buñuelos de flores con harina de arroz

Esta fritura es bellísima y delicadísima, pero también destaca por su sabor. Las flores de malva y de capuchina, lejos de ser simplemente decorativas, tienen unos aromas muy especiales, perfectos como colofón de una comida o como acompañamiento de una taza de té. Además, se puede preparar una versión salada de los buñuelos de flores para el aperitivo.

RECETA LABORIOSA
POSTRE
SIN GLUTEN

PREPARACIÓN: 25 min
COCCIÓN: 5 min
GRADO DE DIFICULTAD: medio

PARA 18 BUÑUELOS

Ingredientes
- 300 g de harina de arroz
- 500 ml de agua muy fría
- 1,5 l de aceite de girasol para freír
- 2 manojos de malvas
- 2 manojos de capuchinas
- 3 cucharadas de azúcar glas (opcional)

LA MASA DE LOS BUÑUELOS
En un bol grande, vierte la harina de arroz. Incorpora progresivamente el agua muy fría, removiendo con una varilla. Debes obtener una masa homogénea.

LA FRITURA DE LAS FLORES
Prepara una bandeja con papel absorbente donde puedas dejar las flores una vez fritas.
En una sartén, calienta el aceite de girasol a 180 °C.
En un bol, pon 2 malvas y 2 capuchinas. Añade 1-2 cucharadas de la masa de buñuelos.
Mézclalo todo, formando una especie de amasijo.
Con unas pinzas de cocina, sumerge delicadamente las flores mezcladas con la masa en el aceite para freír. Intenta que no te salpique. Repite el procedimiento con el resto de flores y de masa.
Cuece los buñuelos 1 minuto, más o menos, dándoles la vuelta 1-2 veces con una espumadera para que la cocción sea uniforme. Los buñuelos deben quedar ligeramente dorados y muy crujientes. Escurre el aceite con el papel absorbente que tenías preparado.

EMPLATADO
Sirve los buñuelos de flores en un plato pequeño redondo o en un cuenco. Espolvoréalos con azúcar glas a tu gusto.

Tarta rústica de pera con harina de centeno

Pese al aspecto rústico que le da la masa oscura y los trocitos de avellana, esta tarta de pera es de una gran finura. La fruta reposa sobre una delicada crema de avellana, llena de sabores otoñales.

RECETA LABORIOSA
POSTRE
CON GLUTEN

PREPARACIÓN: 30 min
REPOSO: 2 h en la nevera
COCCIÓN: 30 min
GRADO DE DIFICULTAD: fácil

PARA UN MOLDE DE 30 CM DE DIÁMETRO

Ingredientes

LA MASA DE LA TARTA
- 150 g de mantequilla en punto de pomada
- 95 g de azúcar glas
- 1 huevo
- 1 pellizco de sal
- la ralladura de 1 limón
- 2 cucharadas de copos de avena
- 250 g de harina de centeno

LA CREMA DE AVELLANAS
- 25 g de harina
- 60 g de azúcar de caña
- 60 g de avellanas molidas
- 75 g de mantequilla en punto de pomada
- 1 huevo

EL RELLENO
- 6 peras grandes muy maduras de la variedad Decana del Comicio o conference
- 1 puñado de avellanas
- la ralladura de 1 limón

EL HORNEADO
- 1 huevo grande
- 2 cucharadas de agua
- 1 cucharada de azúcar moreno

LA MASA DE LA TARTA CON HARINA DE CENTENO

En el recipiente de un robot de cocina, pon la mantequilla blanda. Mientras la mezclas con la varilla del robot, añade poco a poco el azúcar glas y después el huevo. Incorpora la sal, la ralladura de limón, los copos de avena y la harina en forma de lluvia. Mézclalo bien hasta que obtengas una masa homogénea.

Si prefieres preparar la masa sin robot, pon la harina blanda en un bol grande. Añade el azúcar glas, el huevo y amásalo con las manos. Incorpora la sal, los copos de avena y la ralladura de limón; por último, la harina en forma de lluvia. Mézclalo todo bien con las manos hasta que obtengas una masa homogénea.

Extiende la masa entre dos hojas de papel de horno y, con un rodillo, forma un círculo de unos 40 cm de diámetro. Déjalo reposar 2 horas en la nevera (2 días como máximo).

LA CREMA DE AVELLANAS

En un bol grande, mezcla la harina, el azúcar y la avellana molida. En otro bol grande, con una espátula, incorpora a la mantequilla la mezcla a base de avellana molida y harina. A continuación, añade el huevo, mezclándolo con una varilla.

Si deseas preparar una versión de la receta menos grasa y más rica en proteínas, puedes sustituir la crema de avellanas por 6-8 cucharadas de *okara* o pulpa de soja (por ejemplo, lo que te sobre de leche de espelta pequeña con avellanas; véase la receta de la p. 190).

EL RELLENO

Corta las peras, sin pelarlas, en láminas de 5 mm de grosor.
Trocea un poco las avellanas.

EL MONTAJE DE LA TARTA

Extiende la masa sobre el molde y, con un tenedor, pínchala ligeramente. Extiende la crema de avellanas en el centro, con un diámetro de 20 cm (deja unos 10 cm libres en los bordes para doblar la masa). Encima, dispón las láminas de pera, la ralladura de limón y los trocitos de avellana. Dobla los bordes de la masa, dejando al descubierto el centro de la tarta. Si observas que la masa ha perdido consistencia, ponla 1 hora en la nevera antes de hornearla.

EL HORNEADO

Precalienta el horno a 170 ºC. En un bol grande, bate el huevo y el agua; con esa mezcla, unta la masa de la tarta. Espolvoréala con azúcar y hornéala unos 30 minutos, hasta que la masa quede dorada. Saca la tarta del horno y deja que se enfríe antes de servirla acompañada de una crema chantillí o de una bola de helado.

Ruibarbo confitado con tomillo y crema diplomática de cebada

Esta crema diplomática (una mezcla de crema pastelera y chantillí) es un poco especial, porque está perfumada con cebada. Aunque no se perciba en la textura, la cebada aporta un aroma exquisito, que recuerda al sabor de la leche que sobra de los cereales del desayuno.

RECETA LABORIOSA
POSTRE
CON GLUTEN

PREPARACIÓN: 25 min
REMOJO DE LOS CEREALES:
2 h mínimo / idealmente 12 h
COCCIÓN: 15 min
GRADO DE DIFICULTAD: medio

PARA 6 PERSONAS

Ingredientes

EL RUIBARBO CONFITADO
• 6 tallos de ruibarbo
• la ralladura de 1 limón
• la ralladura de 1 naranja
• 2 ramitas de tomillo fresco
• 4 cucharadas de azúcar blanco

LA CREMA DIPLOMÁTICA DE CEBADA
• 60 g de cebada perlada
• 300 g de leche entera
• 3 yemas de huevo
• 60 g de azúcar en polvo
• 1 cucharadita de harina
• 1,5 cucharadita de almidón de maíz
• 30 g de mantequilla
• 100 g de nata líquida con un 40 % de materia grasa
• 2 cucharadas de miel

La víspera

Pon en remojo la cebada en la leche, a temperatura ambiente, 12 horas. Corta el ruibarbo en trozos de unos 8 cm. En un bol grande, cubre el ruibarbo con el azúcar, la ralladura de limón y naranja y las ramitas de tomillo. Guárdalo en la nevera durante toda la noche.

El mismo día

Precalienta el horno a 160 °C.

LA CREMA DIPLOMÁTICA DE CEBADA
Hierve la leche con la cebada a fuego suave, unos 10 minutos.

EL RUIBARBO CONFITADO
Mientras tanto, saca los trozos de ruibarbo del bol con azúcar. Conserva el jugo. Envuelve el ruibarbo con su jugo en una hoja de papel de horno. Forma una especie de papillote. Hornéalo 10 minutos.

LA CREMA DIPLOMÁTICA DE CEBADA
Cuando la cebada esté cocida, cuela la leche de la cocción con un chino. Reserva la cebada y la leche por separado. Puedes pasar por agua la cebada y usarla para una ensalada o una sopa. Bate la yema de los huevos con el azúcar. Incorpora la harina y el almidón de maíz tamizados y mézclalo bien para que no queden grumos. Lleva a ebullición la leche colada y viértela progresivamente sobre la mezcla de huevos y harina para evitar cocer los huevos, sin dejar de mezclar con una varilla. Ponlo a cocer de nuevo, a fuego suave, sin dejar de remover. Cuando la crema rompa a hervir, cuécela 2-3 minutos más y añade la mantequilla fría en trocitos. Vierte la crema pastelera en un molde. Deja que se enfríe y resérvala en la nevera.

EL RUIBARBO CONFITADO
A continuación, saca el ruibarbo del horno, y después, de la papillote. Debe estar blando, pero conservando cierta consistencia. Si está demasiado firme, ponlo en algún lugar caliente (por ejemplo, encima del horno) 10 minutos. Déjalo enfriar y resérvalo en la nevera.

LA CREMA DIPLOMÁTICA DE CEBADA
Con una varilla o un robot de cocina, monta la nata líquida. Debe quedar muy firme. Resérvala. En otro bol grande o en el recipiente de la batidora de mano, vierte la crema pastelera y móntala. Añade la miel y mézclalo. Añade la nata montada y vuelve a mezclarlo: ya tienes la crema diplomática lista.

EMPLATADO
En un plato hondo, sirve la crema diplomática de cebada y, encima, añade unos trozos de ruibarbo confitado.

RECETA LABORIOSA
POSTRE
SIN GLUTEN

PREPARACIÓN: 45 min
REPOSO: 2 h mínimo / idealmente 12 h
COCCIÓN: 20 min
GRADO DE DIFICULTAD: alto

PARA 6 PERSONAS
Ingredientes

LA COMPOTA DE FRUTOS ROJOS
• 150 g de frambuesas
• 150 g de arándanos
• 150 g de fresas
• 150 g de azúcar

LA CREMA INGLESA CON MELILOTO
• 500 l de leche entera
• 1 puñado de meliloto seco
(o de otra hierba aromática:
menta, tomillo, albahaca…)
• 75 g de azúcar
• 5 yemas de huevo

LA TEJA DE AVENA
• 400 g de leche de avena
• 150 g de copos de avena
• 20 g de miel

EMPLATADO
• unos pétalos de malva (opcional)

Frutos rojos y crema inglesa con meliloto sobre una teja de avena

Este precioso postre dará pie a mucha conversación: probablemente, ninguno de los comensales conozca la palabra «meliloto». Es una planta silvestre con un perfume muy particular que recuerda a la vainilla y al haba tonka. Si no encuentras meliloto, puedes sustituirlo por otra hierba aromática a tu gusto.

La víspera

LA TEJA DE AVENA
Mezcla los copos de avena, la leche y la miel. Reserva la mezcla en la nevera durante toda la noche o a temperatura ambiente, en un recipiente cerrado para evitar que se seque, 2 horas.

El mismo día

LA COMPOTA DE FRUTOS ROJOS
En una olla, mezcla los frutos rojos y el azúcar. Cuécelo a fuego suave, con la tapa puesta, 10 minutos. Quita la tapa y continúa la cocción a fuego suave otros 10 minutos, hasta que los frutos rojos estén cocidos, pero conserven cierta textura.

LA CREMA INGLESA CON MELILOTO
Lleva a ebullición una olla con la leche y el meliloto. Cuando rompa a hervir, apaga el fuego y deja que se infusione 10 minutos.
Cuélalo y hierve la leche de nuevo. Bate las yemas de huevo con el azúcar. Vierte la mitad de la leche en esa mezcla, removiéndola con una varilla. A continuación, añade el resto de la leche. Cuécelo a fuego muy suave, sin dejar de remover con una espátula, hasta que la crema alcance una temperatura de 86 ºC. Deja que se enfríe en otro recipiente y guárdala en la nevera.

LA TEJA DE AVENA
Precalienta el horno a 160 ºC sin la función del ventilador. Mezcla la masa preparada anteriormente. No debe ser demasiado líquida. Con una espátula, extiende la masa en una hoja de silicona o de papel de horno. Con un cortamasas circular, corta 6-8 círculos. Hornéalos unos 8 minutos. Las tejas deben quedar secas y ligeramente doradas. Deja que se enfríen y desmóldalas.

EMPLATADO
En medio de platos llanos, sirve una teja de avena. Encima, añade la compota de frutos rojos y un poco de crema inglesa con meliloto. Si lo deseas, puedes decorarlo con unos pétalos de malva. Para que la teja tenga una textura muy crujiente, monta el postre justo antes de servirlo.

Flanes de *freekeh* y crema inglesa con hojas de higuera

Este postre de un color verde claro, con aroma a hojas de higuera, es una oda a su perfume delicado y ligeramente picante. También es una versión completamente reinventada del flan, con cereales: el *freekeh*, reducido en puré, no se distingue, pero aporta una deliciosa nota tostada y ahumada.

RECETA LABORIOSA
POSTRE
CON GLUTEN

PREPARACIÓN: 40 min
REMOJO DE LOS CEREALES:
2 h mínimo / idealmente 12 h
COCCIÓN: 45 min
GRADO DE DIFICULTAD: medio

PARA 6 FLANES INDIVIDUALES
(SEMIESFERAS DE SILICONA
O MOLDES DE MAGDALENA)

Ingredientes

LA CREMA INGLESA CON HOJAS
DE HIGUERA
• 500 g de leche entera
• 3 hojas de higuera frescas
• 75 g de azúcar
• 5 yemas de huevo

EL ACEITE DE HOJAS DE HIGUERA
• 100 ml de aceite de pepitas de uva
• 1 hoja de higuera fresca

EL FLAN DE *FREEKEH*
• 100 g de *freekeh*
• 150 ml de agua
• 3 hojas de higuera frescas
• 800 g de nata líquida entera
• 6 yemas de huevo
• 150 g de azúcar de caña
• aceite para untar los moldes

La víspera

Pon en remojo el *freekeh* en abundante agua, a temperatura ambiente, 12 horas.

El mismo día

LA CREMA INGLESA CON HOJAS DE HIGUERA

Lleva a ebullición una olla con la leche y las hojas de higuera. Cuando rompa a hervir, apaga el fuego y deja que se infusione 15 minutos. Mientras tanto, bate las yemas de huevo con el azúcar hasta obtener una mezcla muy espumosa. Cuela la leche. Llévala a ebullición de nuevo y vierte la mitad en la mezcla de azúcar y yemas de huevo, removiendo con una varilla. Añade la mitad restante de la leche. Cuécelo a fuego muy suave, sin dejar de remover con una espátula. La crema inglesa debe alcanzar una temperatura de 86 ºC. Retírala del fuego y cuélala. Deja que se enfríe y guárdala en la nevera.

EL ACEITE DE HOJAS DE HIGUERA

Calienta el aceite de pepitas de uva a 70 ºC. Viértelo sobre la hoja de higuera (muy seca), en un recipiente que resista el calor. Tápalo y deja que infusione al menos 10 minutos.

EL FLAN DE *FREEKEH*

Precalienta el horno a 180 ºC. Escurre el *freekeh* y lávalo. En una olla con el agua fría, cuécelo a fuego suave unos 15 minutos. El *freekeh* debe absorber toda el agua. Retíralo del fuego y, con la tapa puesta, deja que repose 10 minutos. Tritura el *freekeh* aún caliente hasta obtener una especie de masa un poco pegajosa. En una olla, pon las hojas de higuera con la nata líquida. Llévalo a ebullición. Retíralo del fuego y, con la tapa puesta, deja que la nata se infusione 5 minutos. Mientras tanto, bate las yemas de huevo con el azúcar de caña e incorpora progresivamente la nata tibia. Con una espátula, mezcla la preparación a base de nata con el *freekeh* triturado. Con un pincel, unta aceite en 6 moldes de silicona. Vierte la masa del flan en los moldes individuales. Después de llenar cada molde, remueve bien la masa con la espátula, dado que el *freekeh* acostumbra a bajar al fondo. Cuece los flanes al horno o al baño maría unos 30 minutos. Comprueba que están hechos con un ligero movimiento de vaivén: el flan no debe moverse. También puedes clavar un cuchillo: la hoja debe salir seca. Deja enfriar los flanes en el baño maría, a temperatura ambiente. Guárdalos en la nevera.

EMPLATADO

Sirve un flan en cada plato, vierte un poco de aceite de hojas de higuera encima y añade la crema inglesa a un lado.

Bizcocho de sémola de maíz con melocotones

RECETA LABORIOSA
POSTRE
SIN GLUTEN

PREPARACIÓN: 20 min
COCCIÓN: 50 min – 1 h
GRADO DE DIFICULTAD: fácil

PARA 1 MOLDE DE UNOS 25 CM DE LADO (8 POCIONES)

Ingredientes

- 200 g de harina de maíz
- 100 g de sémola de maíz
- 1 sobre de levadura
- 6 huevos
- 180 g de azúcar moreno
- 1 pellizco de sal
- 150 ml de aceite de girasol
- 1 yogur de oveja
- 6 melocotones maduros

Este bizcocho sin gluten es una receta ideal para el verano. También puedes preparar una versión sin fruta o elegir otra fruta de temporada: quedará delicioso con higos, fresas, peras, manzanas... ¡Déjate llevar por lo que encuentres en el mercado y por tu imaginación!

Precalienta el horno a 170 °C. Cubre el molde con papel de horno.
En un bol grande, mezcla la harina de maíz, la sémola de maíz y la levadura. En otro bol grande, casca los huevos y añade el azúcar y la sal. Bátelo con una varilla o con una batidora de mano, hasta que el volumen prácticamente se duplique.
Sin dejar de remover, mezcla progresivamente la mezcla a base de harina con la de huevos y azúcar. Incorpora el aceite de girasol y después el yogur de oveja, sin dejar de remover. Vierte la masa obtenida en el molde.
Corta los melocotones en cuartos, quitando el hueso y conservando la piel. Disponlos sobre la masa, con la pulpa hacia arriba. Hornea el bizcocho entre 50 minutos y 1 hora, según lo maduros que estén los melocotones. Cuanto más maduros, más jugosos serán y, por tanto, más tiempo tardará en cocerse el bizcocho. Puedes comprobar que esté hecho clavándole un cuchillo: si la hoja sale seca, significa que el bizcocho está hecho. Deja que se enfríe antes de servirlo acompañado de una bola de helado, por ejemplo. También se puede comer frío al día siguiente: ¡todavía estará más rico!

Bebidas

Exceptuando las bebidas alcohólicas a base de cereales, prácticamente se ha perdido la costumbre de tomar bebidas de cereales. Sin embargo, en otros países siguen siendo muy corrientes. Estas recetas tienen múltiples inspiraciones y proponen un viaje por el mundo, desde Japón hasta Haití, pasando por México y Rusia.

Además de las leches vegetales a base de cereales en grano o en copos, que cada vez son más populares, en este capítulo encontrarás la receta de sabrosas infusiones, de bebidas fermentadas y burbujeantes e incluso de un asombroso sucedáneo del café a base de cebada al que los italianos llaman *caffè d'orzo*.

Leche de avena

RECETA RÁPIDA
BEBIDA
CON GLUTEN

PREPARACIÓN: 5 min
GRADO DE DIFICULTAD: fácil

PARA 500 ML DE LECHE DE AVENA

Ingredientes
• 100 g de copos de avena
• 1 l de agua
• 1 cucharadita de miel (opcional)

Esta sencillísima receta básica permite preparar leches vegetales en un tiempo récord. Sirve para todos los cereales y pseudocereales en copos: avena, cebada, espelta pequeña, arroz, mijo, trigo sarraceno... Para que la leche vegetal tenga un delicioso sabor tostado, antes de empezar puedes tostar los copos a la sartén o al horno.

En una batidora de vaso, pon los copos de avena, el agua y la miel. Tritúralo a la máxima potencia (si tu batidora no es muy potente, haz pausas de vez en cuando). Con una bolsita para leches vegetales o un chino recubierto por dentro con una gasa, cuela la leche.
Puedes conservarla en la nevera, en una botella de cristal, 3 días.
Al reposar, se formará un poso al fondo de la leche; simplemente debes agitarla antes de servirla.

Leche de arroz

RECETA RÁPIDA
BEBIDA
CON GLUTEN

PREPARACIÓN: 10 min
REMOJO DE LOS CEREALES: 12 h
GRADO DE DIFICULTAD: fácil

PARA 500 ML DE LECHE DE ARROZ

Ingredientes
• 40 g de arroz blanco largo
• 500 ml de agua filtrada

Esta receta básica es el otro gran método para elaborar leches vegetales, pero a partir de cereales en grano. Funciona especialmente bien con el arroz, pero también se puede usar con otros pseudocereales.

Pon en remojo el arroz blanco en abundante agua, a temperatura ambiente, 12 horas. Escúrrelo y lávalo con abundante agua limpia.
En una batidora de vaso potente, vierte el agua y el arroz. Tritúralo a la máxima potencia 2 minutos. Con una bolsita para leches vegetales o un chino recubierto por dentro con una gasa, cuela la leche. Es fundamental que tritures bien el arroz. Debes obtener una mezcla homogénea, prácticamente sin residuos.
Si lo deseas, puedes añadir un poco de miel o un pellizco de sal, así la leche no quedará tan sosa. Puedes conservarla en la nevera, en una botella de cristal, 3 días. Al reposar, se formará un poso al fondo de la leche; simplemente debes agitarla antes de servirla.

Leche de avena y almendra con ruibarbo y fresa

RECETA RÁPIDA
BEBIDA
CON GLUTEN

PREPARACIÓN: 10 min
COCCIÓN: 15 min
GRADO DE DIFICULTAD: fácil

PARA 1 LITRO DE LECHE DE AVENA Y ALMENDRA O 4 VASOS GRANDES

Ingredientes

EL SIROPE DE FRESA Y RUIBARBO
- 1 puñado de fresas
- ½ tallo de ruibarbo
- 125 ml de agua
- 50 g de miel

LA LECHE VEGETAL
- 100 g de copos de avena
- 50 g de almendra molida
- 1 l de agua

Esta bebida golosa y afrutada recuerda un poco al clásico batido de fresa estadounidense, pero en una versión cien por cien vegetal y mucho más sana. Es una verdadera delicia, tanto para los niños como los adultos, para desayunar o para merendar.

EL SIROPE DE FRESA Y RUIBARBO

Quita las hojas de las fresas y córtalas en cuartos. Corta los tallos de ruibarbo en trozos de unos 2 cm, sin quitar la piel, ya que dará color al sirope.
En una olla, mezcla el agua y la miel; caliéntalo. Cuando rompa a hervir, añade los trozos de fresa y de ruibarbo. Cuécelo a fuego suave unos 15 minutos. Las fresas deben adquirir una ligera textura de compota y el ruibarbo debe quedar bien cocido.
Con un chino, cuélalo aún caliente, apretando la fruta para sacar el jugo. Deja que se enfríe.

LA LECHE DE AVENA Y ALMENDRA

En una batidora de vaso, pon los copos de avena, la almendra molida y el agua. Tritúralo a la máxima potencia 2 minutos. Debes obtener una mezcla homogénea. Si es demasiado densa, añade un poco de agua. Con un chino, cuela la leche vegetal.
Sírvela en vasos e, inclinando ligeramente cada vaso, vierte muy despacio el sirope de fresa y ruibarbo en el fondo, para conseguir un bonito degradado.

Bebida de arroz fermentado al estilo *amazake*

RECETA LABORIOSA
BEBIDA
SIN GLUTEN

PREPARACIÓN: 20 min
REMOJO DE LOS CEREALES: 1 h
REPOSO: unas 8 h
COCCIÓN: 20 min
GRADO DE DIFICULTAD: fácil

PARA 6 VASOS

Ingredientes

- 200 g de arroz japonica
- 3 cucharadas de *koji*
- un poco de jengibre fresco

El *amazake* es una bebida fermentada de arroz, muy dulce y bastante densa, que en Japón se acostumbra a tomar en invierno. Para prepararla, hace falta un hongo comercial llamado *koji*, que se puede comprar en internet.

Lava el arroz varias veces hasta que el agua salga clara. Ponlo en remojo 1 hora. Escúrrelo de nuevo, viértelo en una olla y cúbrelo con 1,5 cm de agua (yo uso una falange para medirlo).
A fuego vivo, llévalo a ebullición, con la tapa puesta, baja el fuego al mínimo y deja que el arroz se cueza por absorción 15 minutos. Una vez cocido, apaga el fuego y deja que el arroz repose, con la tapa puesta, 5 minutos. Los granos de arroz tienen que haber reventado. Añade 1 vaso grande de agua para enfriar el arroz y darle una consistencia semilíquida. Añade el *koji*, mézclalo bien, pon la tapa y deja que fermente 8-10 horas a temperatura ambiente. Tras el reposo, debes obtener una especie de puré líquido, de sabor dulce, que se puede conservar en la nevera varios días. Pela y ralla el jengibre fresco.
Puedes tomar el *amazake* caliente: sirve un poco del puré de arroz y alárgalo con agua filtrada. Caliéntalo a fuego suave y mézclalo con el jengibre fresco. Debes obtener una textura aterciopelada.
El *amazake* también se puede degustar frío: sirve un poco del puré de arroz y mézclalo con un poco de jengibre rallado. Alárgalo con un poco de agua filtrada. También puedes servir el *amazake* sin diluirlo con agua, como si fuera un postre parecido al arroz con leche, pero sin azúcar.

Café de cebada tostada

RECETA RÁPIDA
BEBIDA
CON GLUTEN

PREPARACIÓN: 5 min
INFUSIÓN: 3 min
GRADO DE DIFICULTAD: fácil

PARA 4 VASOS DE UNOS 150 ML

Ingredientes
- 4 cucharaditas de cebada molida
- 600 ml de agua, idealmente filtrada
- 1 cucharadita de miel (opcional)

El café de cebada, que en Italia se llama *caffè d'orzo*, es un sucedáneo del café pero sin cafeína. Si se deja infusionar poco tiempo, tiene un delicioso sabor a pan tostado; si se infusiona más, su gusto se parece al del café. En España, fue muy habitual durante la guerra y la posguerra, y también el café de achicoria. Desde entonces, cayó en el olvido como un mal recuerdo. Hoy en día se vuelve a consumir. En Italia también se puede comprar soluble.

Debes usar una cafetera de émbolo o una cafetera Chemex (como la de la fotografía de la página anterior). Deposita el café de cebada al fondo de la cafetera de émbolo o en el filtro de la cafetera Chemex. Lleva a ebullición el agua y viértela encima del café de cebada. Deja que se infusione unos 3 minutos. Baja el émbolo o deja que se filtre. Añade la miel y sírvelo como si fuera café de verdad.

Horchata de arroz y almendras con flor de azahar

La horchata de arroz es una bebida muy popular en México y Guatemala. A menudo se aromatiza con vainilla o canela, pero el agua de azahar de esta receta le da un toque mediterráneo.

RECETA LABORIOSA
BEBIDA
SIN GLUTEN

PREPARACIÓN: 20 min
REMOJO DE LOS CEREALES: 12 h
GRADO DE DIFICULTAD: fácil

PARA 6 PERSONAS
Ingredientes
• 200 g de arroz blanco largo
• 240 g de azúcar
• 200 g de almendra molida
• 500 ml de agua
• 1 chorrito de agua de azahar
• unos cuantos cubitos de hielo

La víspera
Pon en remojo el arroz en abundante agua, a temperatura ambiente, al menos 12 horas.

El mismo día
Escurre el arroz y viértelo en el recipiente de una batidora de mano. Añade el resto de ingredientes, menos el agua, y tritúralo hasta obtener una preparación pastosa y homogénea. Incorpora el agua y tritúralo hasta obtener una leche untuosa y fluida.
Puedes consumir la bebida tal cual, con unos cubitos de hielo, o conservarla en la nevera 2 días. Antes de servirla, debes agitarla bien, ya que se acostumbra a formar un poso al fondo del recipiente.

Leche de maíz al estilo *akasan*

El *akasan* es una bebida densa a base de maíz muy consumida en Haití. Se le suele añadir leche condensada azucarada, pero en esta versión, más ligera, se ha sustituido por leche y miel.

RECETA RÁPIDA
BEBIDA
SIN GLUTEN

PREPARACIÓN: 10 min
COCCIÓN: 7 min
GRADO DE DIFICULTAD: fácil

PARA 4 VASOS GRANDES
Ingredientes
• 800 ml de agua
• 4 estrellas de anís
• 2 ramitas de canela
• 100 g de sémola de maíz fina
• 1 cucharadita de extracto
de almendra amarga
• 50 g de miel
• 150 ml de leche

Hierve 700 ml de agua con el anís estrellado y la canela. Diluye la sémola de maíz en los 100 ml de agua restante y, poco a poco, vierte esa mezcla en el agua hirviendo. Mézclalo durante 5 minutos, a fuego suave. Añade el extracto de almendra amarga, la miel y la leche. Mézclalo bien y apaga el fuego. Deja que repose 2 minutos. Retira el anís estrellado y la canela. Mézclalo bien y sirve la leche vegetal fría o caliente, como prefieras, a la hora del té.

Leche de espelta pequeña con avellanas

Esta leche vegetal, facilísima de preparar, tiene un delicado aroma a avellanas. Quienes se lamenten de lo sosas que son las leches vegetales industriales, incluso de su «sabor a cartón», se van a entusiasmar con esta versión sibarita.

La víspera
Pon en remojo la espelta pequeña y las avellanas, en dos recipientes distintos, en el doble de su volumen de agua, a temperatura ambiente, 8 horas.

El mismo día
Escurre la espelta pequeña y ponla debajo del grifo para lavarla. Repite el procedimiento con las avellanas. Tritura la espelta pequeña y las avellanas escurridas junto con el agua filtrada unos 3 minutos, a máxima potencia, hasta que obtengas una leche de un color blanquecino. Cuélala con una bolsita para leches vegetales o con un trapo limpio. Por una parte, tendrás la bebida vegetal y, por otra, los residuos de los cereales (la *okara*). Puedes consumir de inmediato la leche de espelta pequeña con avellanas o guardarla en la nevera, en una botella hermética de cristal, 3 días como máximo. Al reposar, se formará un poso al fondo; basta con agitar bien la botella antes de servir la leche vegetal.

RECETA RÁPIDA
BEBIDA
CON GLUTEN

PREPARACIÓN: 10 min
REMOJO DE LOS CEREALES: 8 h
GRADO DE DIFICULTAD: fácil

PARA 6 PERSONAS

Ingredientes
• 500 g de espelta pequeña
• 2 puñados de avellanas
• 1,5 l de agua filtrada o mineral

Kvas de limón, uvas y menta

El *kvas* es la bebida nacional rusa desde el siglo XVI; además, es muy popular en todos los países de Europa del Este y de Europa central. Burbujeante y con un poco de alcohol, se obtiene dejando fermentar pan en el agua; se puede aromatizar con hierbas o frutos. Una manera fantástica de reciclar el pan duro.

RECETA LABORIOSA
BEBIDA
CON GLUTEN

PREPARACIÓN: 20 min
REPOSO: 12 h + 72 h en la nevera
GRADO DE DIFICULTAD: medio

PARA 1,5 LITROS

Ingredientes
• 500 g de pan de centeno
• 4 l de agua hirviendo
• 40 g de levadura fresca
de panadero o masa madre
• 100 g de azúcar
• 75 ml de agua templada
para disolver la levadura
• 50 g de pasas
• 1 manojo de menta
• la ralladura de 1 limón

Tuesta el pan de centeno en el horno, hasta que adquiera un color marrón oscuro. Ponlo en un bol grande y rocíalo con los 4 litros de agua hirviendo. Tápalo con una tela y déjalo reposar 4 horas. Con un chino, cuélalo. En un bol pequeño, pon la levadura fresca de panadero o la masa madre junto con 1 cucharada de azúcar y el agua templada. Déjalo en remojo 20 minutos. A continuación, mézclalo todo. Chafa las rebanadas de pan para sacarles el máximo de jugo. Añade el resto del azúcar y unas hojas de menta. Coloca el recipiente en algún lugar caluroso (entre 20 y 25 °C) y déjalo reposar 12 horas.

Con un trapo de cocina muy limpio, cuela la bebida para retirar todas las impurezas. Embotéllala. En cada botella, añade las pasas, unas hojas de menta y ralladura de limón. Cierra las botellas herméticamente. Si tienen un tapón cualquiera, debes fijarlo con alambre (como se hace con las botellas de sidra), a causa de la presión. Presta atención a cómo se acumula el gas. Conserva las botellas en la nevera 72 horas. Cuando las pasas suban a la superficie por la presión, cuela la bebida una última vez y vuelve a embotellarla. El *kvas* ya estará listo para ser consumido.

Infusión helada de trigo sarraceno con zumo de cítricos

RECETA RÁPIDA
BEBIDA
SIN GLUTEN

PREPARACIÓN: 15 min
COCCIÓN: 10 min
GRADO DE DIFICULTAD: fácil

PARA 1 TAZA DE TÉ GRANDE
O UNOS 300 ML DE AGUA

Ingredientes
• 30 g de granos de trigo sarraceno tostado (*kasha*)
• 300 ml de agua
• 1 cucharadita de miel
• 3-4 cubitos de hielo
• unas gotas de zumo de limón
• unas gotas de zumo de naranja

Esta infusión de *kasha* (trigo sarraceno tostado) es muy refrescante y, a la vez, muy apetitosa, debido al sabor del trigo sarraceno, que recuerda al de las avellanas tostadas. Me encanta equilibrar ese sabor tostado con el frescor del zumo de cítricos.

En una sartén, tuesta el trigo sarraceno a fuego suave, sin quemarlo, 5 minutos.

Hierve el agua; cuando hierva, viértela sobre el trigo sarraceno ligeramente tostado. Deja que se infusione 5 minutos. Añade la miel y, con una cuchara, remuévelo. A continuación, añade los cubitos de hielo y enfría la infusión con una coctelera, agitándola.

Puedes colar la infusión o bien conservar la *kasha* cocida y servirla en la misma taza (¡se puede comer!). Una vez que la infusión se haya enfriado, añádele el zumo de limón y de naranja.

Cuaderno práctico

Descripción de los cereales

Existen numerosas especies y variedades de cereales y de pseudocereales en todo el mundo. Este libro solo presenta una parte, porque no todos se producen ni siquiera se encuentran en Europa. «Durante mucho tiempo, albergué dudas sobre qué cereales elegir para este libro –explica Manon–. Trato de promover una alimentación lo más local posible, por eso intenté decantarme por los cereales que se cultivan en Francia. De todas formas, creo que hay otros productos realmente interesantes que descubrir y cocinar, como el *freekeh*, que no se cultiva aquí, sino en Oriente Próximo. ¡Espero que este libro sirva para que los agricultores locales se animen a producir *freekeh*!»

El atractivo de los cereales radica en su enorme diversidad. En estas páginas descubrirás las particularidades de trece de entre ellos, seleccionados por Manon para elaborar todas las recetas del libro. Encontrarás los más conocidos, como el arroz o el trigo, pero también otros menos corrientes, como el mijo, el amaranto o el *teff*; orígenes, historia e información práctica, así como unas recomendaciones de salud de la naturópata Jennifer Hart-Smith: en pocas palabras, lo básico para conocer –y apreciar plenamente– lo que comes.

El amaranto

«Que no se marchita»

El amaranto, cultivado por sus hojas comestibles y sus granos, pero también por sus espléndidas flores, tiene un nombre procedente del griego antiguo que significa «que no se marchita». En efecto, su persistente cáliz es un símbolo de inmortalidad. En Asia, en África y en América, se cultivan distintas variedades de amaranto desde la antigüedad; de hecho, para los aztecas, era una planta sagrada. Extremadamente resistente, el amaranto puede invadir otros cultivos y sobrevivir a los herbicidas químicos, algo que la convierte en un emblema ecologista. Sus minúsculos granos, en general amarillos o marrones, en las tiendas, son crujientes y tienen un aroma vegetal ligeramente tostado. También se venden los granos hinchados. El amaranto es una excelente fuente de calcio, en especial si está germinado, de ahí que se considere un aliado de los vegetarianos por su índice de proteínas vegetales: de media, entre el 15 y el 20 %. Además, contiene lisina, un aminoácido esencial que se encuentra en pocos cereales. También es rico en hierro, que se asimila mejor mezclado con alimentos ricos en vitamina C.

Sin remojo
Cocción: 15 min; en 2,5-3 veces su volumen de agua
Sin gluten

El arroz

De todos los colores

Existe arroz de formas y de colores muy distintos; todas las variedades se pueden comprar sin dificultad. Cada cual tiene su uso: para la paella, se usa el arroz bomba, muy absorbente; para el risotto, uno de grano corto y muy rico en almidón, como el arborio, por ejemplo; para acompañar los curris indios, es ideal el basmati, de grano largo, fino y bastante seco, que absorbe bien la salsa; el arroz japonés, de grano corto, esponjoso y ligeramente pegajoso, se puede aglutinar delicadamente para formar sushi u onigiri. Por su parte, el arroz rojo y el arroz negro son arroces integrales, al igual que el arroz integral, al que solo se le ha quitado el envoltorio no comestible. En cambio, el arroz salvaje es el grano de una planta muy diferente, aunque se parece al arroz: la zizania. Salvo en el caso de platos que requieren una gran cantidad de almidón, es necesario lavar el arroz varias veces, agitándolo en abundante agua clara.
El arroz integral, cuyo sabor recuerda al de la nuez, es muy rico en fibra y, por tanto, es laxante; puede resultar ligeramente irritante para la mucosa intestinal. Sin embargo, contiene vitaminas B1 y B9, fósforo, potasio, magnesio, calcio, proteínas vegetales, glúcidos y lípidos, de manera que sería una lástima prescindir de él; la cuestión es ir variando de tipo de arroz. Por el contrario, en caso de diarrea, se recomienda tomar arroz blanco, que es muy calmante para el sistema digestivo.

ARROZ BLANCO
Remojo: 0-30 minutos
Cocción: 12-15 min; en 1,5 veces su volumen de agua
Sin gluten

ARROZ INTEGRAL
Remojo: 12 h
Cocción: 20 min; en 2 veces su volumen de agua
Sin gluten

La avena

La amiga del desayuno (pero no solo)

La avena se ha convertido en un cereal muy consumido, especialmente en forma de copos para desayunar, sea como porridge, muesli o granola. Sin embargo, hasta no hace tanto, solo se cultivaba para dar de comer al ganado. De ahí que su producción se haya reducido más de un 50 % en cincuenta años, pese a que esté más presente en el menú diario, desde que los animales de granja se alimentan con maíz y cebada. Ese dato da la medida del consumo humano de cereales, comparado con las necesidades de la ganadería. Su sabor ligeramente tostado permite elaborar toda clase de preparaciones dulces o saladas, así como leche vegetal con un gusto bastante neutro que se puede usar en numerosas recetas.
La avena, rica en fibra, zinc, cobre, magnesio, hierro, manganeso y fósforo, también es una excelente fuente de selenio, que contribuye a combatir el estrés oxidativo. El salvado y las gachas de avena contienen vitamina B1 o tiamina, que participa en la producción de energía a partir de los glúcidos que ingerimos y en la transmisión de influjos nerviosos.

AVENA INTEGRAL
Remojo: 12 h
Cocción: 20 min; en 3 veces su volumen de agua
Contiene gluten

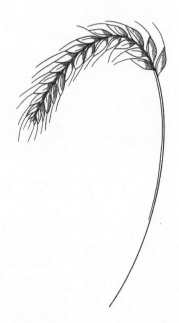

La cebada

Para tener muchísima energía (o para hacer whisky)
Es uno de los primeros cereales que se cultivó y uno de los más
rústicos. Crece desde Malí hasta Noruega, pasando por el
Tíbet. Aunque principalmente se usa para elaborar cerveza
y whisky, los granos de cebada también se encuentran en las
tiendas, en dos presentaciones: cebada pelada y cebada
perlada. Desde un punto de vista nutricional, la cebada perlada
es la más interesante, porque conserva el salvado y el germen.
Los dos tipos de cebada requieren una cocción larga, pero se
puede acortar considerablemente si antes se pone en remojo.
También se puede adquirir la cebada en copos, que resulta
ideal para el desayuno o para postres, porque se cocina muy
deprisa. Aunque tiene un sabor suave, es más pronunciado
que el del trigo, y se caracteriza por una agradable acidez.
Es uno de los cereales más nutritivos y remineralizantes
que existen, gracias a sus minerales y oligoelementos,
especialmente el fósforo, que desempeña un papel
fundamental en la formación y la salud de los huesos y los
dientes. La cebada, muy revitalizante, también contiene
distintos antioxidantes, magnesio, manganeso, zinc y fibras
solubles, en particular betaglucanos, que, al parecer, reducen
el colesterol.

CEBADA PERLADA
Remojo: 12 h
Cocción: 10 min; en 2 veces su volumen de agua
Contiene gluten

El centeno

El cereal del frío y de la masa madre
Aunque probablemente el centeno proceda de Asia Menor,
enseguida empezaron a cultivarlo los celtas y los germanos, que
lo usaban para preparar tortitas. Plinio el Viejo escribió que se
mezclaba con trigo «para atenuar su sabor amargo». Pese a su
ligero amargor, también es dulce y un poco ácido, algo que da su
característica complejidad aromática al pan de centeno. Es muy
apreciado en Europa central y oriental, especialmente en Rusia
y Polonia; también es muy habitual en Escandinavia, porque
resiste el frío. El centeno integral es el ingrediente perfecto para
crear masa madre: no solo crece muy bien, sino que contiene
enzimas que favorecen la fermentación.
El centeno integral es muy rico en fibras, cobre, manganeso,
antioxidantes y selenio, que combate los radicales libres. Es una
magnífica fuente de esteroles y de ácidos fenólicos, muy eficaces
en caso de padecer colesterol malo. Rico en magnesio, zinc,
vitaminas B1, B2, B3, B5 y B9 o ácido fólico, resulta ideal
para las embarazadas que pueden tomar gluten.

CENTENO INTEGRAL
Remojo: 12 horas
Cocción: 40 min; en 3 veces su volumen de agua
Contiene gluten

La espelta pequeña

El antiguo grano mediterráneo

La espelta pequeña, llamada también escanda, procede de las colinas de Anatolia y del Creciente Fértil. Fue una de las primeras plantas en cultivarse. Se cree que se domesticó hace más de 10 000 años. Aunque se parece mucho al trigo y a la espelta, la espelta pequeña es más interesante desde un punto de vista nutricional: además de ser muy rica en minerales, es especialmente digestiva, dado su bajo contenido en gluten. Es uno de los pocos cereales que jamás se ha modificado, hibridado o clonado; es un trigo antiguo, que ha conservado todas sus propiedades de antaño. Su textura es firme y esponjosa a la vez, con un delicioso regusto a avellanas y nueces.

La espelta pequeña no solo es más nutritiva que el trigo, sino que es una magnífica fuente de proteínas vegetales y de minerales esenciales para la salud, como el hierro (para optimizar su absorción, debe ingerirse junto con alimentos ricos en vitamina C). Tiene la particularidad de contener los ocho aminoácidos indispensables para el organismo; asimismo, lleva zinc, magnesio, vitamina B1, manganeso y vitamina B3 o niacina.

ESPELTA PEQUEÑA INTEGRAL
Remojo: 12 h
Cocción: 15 min; en 2 veces su volumen de agua
Contiene gluten

El *freekeh*

El trigo verde perfumado de Próximo Oriente

El *freekeh*, llamado también *frike* o *farik*, es una variedad antigua de trigo duro producida de una manera particular en los países del Levante mediterráneo. En lugar de esperar a que el grano alcance la madurez, se recoge joven, cuando todavía tiene un bonito color verde esmeralda y una textura tierna. A continuación, se machaca un poco, se seca al sol y se quema, con el fin de despojarlo del envoltorio no comestible. Como aún está muy húmedo, no se enciende, sino que adquiere un maravilloso sabor tostado, complejo, pero que se aprecia enseguida. El *freekeh* aún es bastante desconocido en Europa, pero no por mucho tiempo. Además de su aroma único, resulta llamativo en cualquier receta porque conserva su color tras la cocción.

Para quienes pueden ingerir gluten, este cereal tiene unas propiedades nutricionales muy interesantes. Es una excelente fuente de proteínas vegetales, fibra, vitaminas del grupo B y numerosos minerales, especialmente manganeso, pero también hierro, calcio y zinc. Destaca por su reducido índice glucémico: una enorme ventaja.

Remojo: 12 h
Cocción: 10 min; en 3 veces su volumen de agua
Contiene gluten

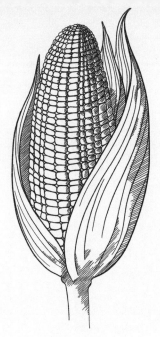

El maíz

El grano crujiente y dulce originario de México

El maíz es una hierba cuyos grandes granos pueden secarse y consumirse como si fueran cereales. Fue el alimento básico de los amerindios durante la época precolombina, junto con la calabaza y las alubias. Se introdujo en Europa en el siglo XVI; en la actualidad, su cultivo en todo el mundo supera al del trigo o el arroz. Existen numerosísimas variedades de maíz, de calibres, texturas, sabores y colores distintos. En efecto, los granos pueden ser amarillos –el color más extendido–, pero también blancos, azules, rojos o violetas. El sabor muy dulce y ligeramente ácido del maíz, así como su textura crujiente, permiten usos muy diferentes de un país a otro. En forma de harina, aporta una gran esponjosidad a las masas.

El maíz es una excelente fuente de vitamina B, pero también contiene potasio –un mineral que favorece la buena tensión arterial, la función cardíaca y muscular– y vitamina A. Además, es el único cereal que lleva carotenoides, unos antioxidantes esenciales para la salud de los ojos y para prevenir distintas enfermedades degenerativas. Conviene elegir maíz no modificado genéticamente y consumirlo con cierta moderación, porque es rico en azúcar.

MAÍZ FRESCO
Sin remojo
Cocción: 20 min; en 3 veces su volumen de agua
Sin gluten

POLENTA
Sin remojo
Cocción: 15 min; en 4 veces su volumen de agua
Reposo: 10 min
Sin gluten

El mijo

El cereal de los nómadas

Cultivado en China desde hace más de 10 000 años, el mijo era el cereal más consumido en Francia en la Edad Media. Hoy en día, su presencia es mucho más discreta: principalmente, se encuentra en la sección de productos ecológicos de las grandes superficies o en las tiendas especializadas en alimentación ecológica y dietética. Es un cereal que aguanta la sequía y los suelos pobres; los pueblos nómadas de Asia central y oriental lo cultivan porque se recolecta al cabo de poco tiempo. Sus pequeños granos redondos pueden ser blancos, marrones e incluso negros, pero las variedades más habituales son amarillas. Además de ser muy digestivo, rico en vitaminas, minerales y proteínas vegetales, el mijo es fácil y rápido de cocinar. Su textura bastante tierna y su regusto a avellanas y a verduras se prestan a toda clase de recetas; de hecho, el mijo forma parte de la cocina tradicional africana, asiática y europea.

Rico en antioxidantes como los polifenoles o la catequina, el mijo también es una fuente de fósforo, magnesio y zinc. Sus fibras solubles permiten reducir la absorción de colesterol y ralentizar la digestión de los glúcidos, manteniendo a raya la glucemia.

Sin remojo
Cocción: 15 min; en 2 veces su volumen de agua
Sin gluten

La quinoa

La mina de proteínas andina

La quinoa es un pseudocereal originario de América del Sur.
A pesar de que fue el alimento básico de las civilizaciones
precolombinas, a los conquistadores no les interesó (a diferencia
de la patata o el maíz), porque no era panificable y porque el
envoltorio de los granos contiene saponinas, que les da un sabor
amargo. Occidente olvidó por completo la quinoa hasta la década
de 1970, cuando sus extraordinarias cualidades nutricionales la
convirtieron repentinamente en un superalimento indispensable.
Hoy en día se cultiva en diferentes lugares de Europa, por
ejemplo, en la provincia de Córdoba y en Anjou, en Francia.
Las variedades más corrientes en la actualidad son muy suaves,
dado que prácticamente no llevan saponinas. La quinoa es
apreciada por su textura, ligera y esponjosa a la vez, además
de un poco crujiente. Puede ser blanca, roja o negra.
Además de ser rica en ácidos grasos poliinsaturados, posee
numerosos micronutrientes: cobre, hierro, manganeso, fósforo
y vitamina B2. Contiene en torno a un 15 % de proteínas y su
composición en aminoácidos es más rica que la de la mayoría
de cereales y pseudocereales, como el mijo, el sorgo, el arroz,
el trigo y el maíz. Se trata de un ingrediente fundamental en la
dieta vegetariana.

Sin remojo
Cocción: 10 min; en 2 veces su volumen de agua
Sin gluten

El *teff*

Un minúsculo cereal antiguo de Etiopía

El *teff*, originario de las mesetas de Etiopía y Eritrea, es el
ingrediente básico del *injera*, una enorme crep que acompaña
a todas las comidas en esos dos países, y también de la cerveza
local. Aguanta tanto la sequía como los suelos empapados de
agua y, por tanto, puede adaptarse a toda clase de terrenos,
siempre y cuando tenga mucho sol y un poco de calor. Sus
minúsculos granos pardos, amarillos, violetas, grises o rojos
miden menos de un milímetro de diámetro; su sabor dulce a
avellanas y cacao que se vuelve ácido al fermentar. Como el
grano es tan pequeño, se cuece deprisa. Recientemente, el *teff* se
ha puesto de moda en Occidente, tanto en grano como en harina
–que aporta elasticidad a las masas–, porque no contiene gluten.
El *teff* es rico en fibras y proteínas (el doble que el arroz); contiene
manganeso, fósforo, calcio, vitamina B6 y vitamina A. Además,
es una excelente fuente de fibras alimentarias, de proteínas
vegetales, de hierro y de antioxidantes; es especialmente
rico en compuestos fenólicos (ácido ferúlico).

Remojo: 4 h
Cocción: 20 min; en 1,5 veces su volumen de agua
Sin gluten

El trigo

El pilar de numerosas civilizaciones

Existen distintas variedades de trigo, pero en la actualidad dos de ellas constituyen el grueso de la alimentación en España: el trigo tierno o trigo harinero, con el que se hace pan, galletas y toda clase de pasteles, y el trigo duro, que principalmente se usa para confeccionar pastas, bulgur o sémola. Ese lugar destacado en la alimentación cotidiana no es nuevo ni específico de España. El consumo de trigo se remonta a la antigüedad en Occidente, en torno al Mediterráneo, en Oriente Medio y en el norte de China; de hecho, ha desempeñado un papel fundamental en el desarrollo de esas civilizaciones. A pesar de que en los últimos tiempos el trigo tiene mala fama por su elevado contenido de gluten, en realidad este componente esencial es el que confiere esponjosidad y ligereza a un sinfín de platos muy apreciados, desde los fideos udon japoneses hasta la masa de pizza italiana, pasando por los brioches franceses. No se trata de demonizar el trigo, sino de evitar las versiones más refinadas, eligiendo variedades antiguas que tienen más virtudes en la cocina y en cuanto a sabor.

Rico en fibra, hierro y vitaminas del grupo B, el trigo es mejor integral, porque el salvado y el germen de trigo son excelentes fuentes de fósforo, ácidos grasos, vitamina E y vitamina K, imprescindible para fabricar proteínas que participan en la coagulación de la sangre. Germinado, el trigo aún es más rico en hierro y vitamina C. Por su parte, la hierba de trigo es una extraordinaria fuente de beneficios, dada su riqueza en clorofila.

BULGUR DE TRIGO DURO
Remojo: 12 h
Cocción: 1 h 30 min; en 4 veces su volumen de agua
Contiene gluten

El trigo sarraceno

El grano pardo triangular

El trigo sarraceno, llamado también trigo negro, es muy fácil de reconocer: sus granos son de color pardo y de forma triangular. De hecho, no es un cereal, aunque se utilice como tal; se trata de un pseudocereal. Crece muy deprisa, incluso en suelos pobres. Se cultiva en regiones de clima desabrido, donde sería difícil o incluso imposible cultivar trigo, como en la Bretaña francesa. Se vende pelado o entero y a menudo tostado (entonces se llama *kasha*). Para apreciar mejor su delicioso sabor a avellanas tostadas con un toque de cacao, dóralo unos instantes antes de cocerlo, así adquirirá unas irresistibles notas tostadas. La harina de trigo sarraceno es imprescindible para preparar las auténticas *galettes* bretonas.

Es una excelente fuente de proteínas vegetales; por la pectina que contiene, contribuye a la saciedad. Es el alimento más rico en rutina, un antioxidante que protege los vasos sanguíneos, y una gran fuente de minerales. Su índice glucémico, comprendido entre el 30 y el 35, es inferior al de otros cereales; en cuanto a vitaminas del grupo B, supera al trigo. Además, el trigo sarraceno es una magnífica fuente de probióticos, que estimulan el crecimiento de las bacterias intestinales buenas, que favorecen la digestión.

Sin remojo
Cocción: 15 min; en 2 veces su volumen de agua
Sin gluten

Consejos para preparar los cereales

Para aprovechar al máximo los beneficios de los cereales, sus texturas y sus sabores variados y su extraordinaria versatilidad en la cocina, basta con conocer algunas técnicas muy sencillas que marcan una gran diferencia. ¡Aunque probablemente ya las conozcas sin saberlo! A continuación, encontrarás consejos para preparar los cereales, métodos que ya se han aplicado a las recetas del libro.

La torrefacción

A menudo se habla de cereales tostados, torrefactos... Se trata de someterlos a un tratamiento térmico, justo antes de cocerlos, que los vuelve más digestivos y sabrosos. Lo más sencillo es dorarlos en una sartén a fuego medio, sin añadir nada. Así desprenden aromas a miel, avellanas y café, que se conservan en la cocción.

El remojo

Es importante poner en remojo los cereales en abundante agua limpia antes de cocerlos. Así se elimina el ácido fítico que contienen, que es una sustancia indigesta, y además se acorta la cocción. El tiempo de remojo varía según las especies y las variedades de cereales; para la mayoría, lo ideal es contar con 12 horas. Después tira el agua, escurre los cereales y cuécelos como de costumbre.

La fermentación

Fermentar los cereales es más habitual de lo que parece. Así resultan más digestivos y el organismo absorbe mejor sus nutrientes. Aunque se pueden fermentar con toda clase de fermentos comerciales, lo más sencillo es empezar por la fermentación espontánea, que no requiere ningún ingrediente ni material particular. Basta con cereales en grano o en harina, así como agua u otro líquido, como leche en el caso de la masa de las crepes. Para llevar a cabo una fermentación espontánea, simplemente debes dejar en remojo los cereales como de costumbre y, posteriormente, triturarlos y volver a ponerlos en remojo 24 horas, durante varios días, a temperatura ambiente, según la receta. Cuando prepares una masa a base de harina o de cereales fermentados (como masa de crepes, de *galettes* o de tortitas), verás la fermentación en vivo en el momento en que aparezcan burbujas de gas.

La germinación

Si quieres dar un paso más, puedes alargar el remojo hasta que los cereales empiecen a germinar. Como es lógico, solo pueden germinar los cereales integrales, porque todavía conservan el germen. Con la germinación no solo se destruye el ácido pítico, que es indigesto, sino que también se favorece la asimilación de nutrientes.

Para que los cereales germinen, debes dejarlos en remojo al menos 12 horas y, posteriormente, escurrirlos hasta que el agua salga clara. Ponlos en remojo de nuevo al menos 12 horas. A partir de entonces, se empiezan a distinguir los brotes. En ese momento, los cereales ya tienen todas las propiedades de la germinación y se pueden cocinar, pero también puede continuar el proceso de germinación durante unos días si deseas obtener más brotes.

La cocción por hervido

La cocción por hervido (en agua con sal) es el método más usado en España para cocer los cereales. Resulta ideal si se desea añadir los cereales a otra preparación, dado que así no pierden sabor y quedan muy tiernos. También es útil si quiere conservar el agua de la cocción. En ese caso, debes lavar y escurrir bien los cereales antes de hervirlos.

La cocción al estilo risotto

Esta forma de cocción consiste en rehogar los cereales en materia grasa (generalmente, aceite de oliva) e ir añadiendo pequeñas cantidades de líquido (agua o caldo) hasta que se absorba. Cada vez que los cereales absorban el líquido de la cocción, debes añadir más hasta que los granos estén cocidos.

La cocción por absorción

Es mi manera favorita de cocer los cereales, porque requiere menos agua y se consiguen unos cereales particularmente sabrosos. Consiste en verter los cereales en una olla y cubrirlos con la cantidad justa de agua. Se empieza la cocción con agua fría, a fuego suave, y se dejan cocer los cereales hasta que absorban toda el agua. En general, aconsejo que reposen en la misma olla, con la tapa puesta, entre 5 y 10 minutos para que acaben de hincharse con el calor y el vapor residuales.

La cocción al vapor con un *rice cooker*

El *rice cooker* es un pequeño electrodoméstico fabuloso en la cocina, porque se encarga de cocer los cereales, mientras uno puede dedicarse a preparar otra cosa. Basta con introducir la cantidad idónea de cereales y de agua y programarlo. Cuando se evapora el agua de la cocción, el *rice cooker* detecta que los cereales están cocidos y los mantiene calientes. Ya solo hace falta esperar 10-15 minutos a que se hinchen, abrir la tapa, remover y servir los cereales.

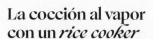

El hinchado

A una temperatura alta, los cereales secos revientan y adquieren una textura muy agradable. Simplemente debes poner los cereales con un poco de aceite en una sartén muy caliente y dejar que estallen, sin perderlos de vista. Con algunos cereales, como el maíz, puedes tapar la sartén y esperar a que los granos revienten por completo: así se preparan las palomitas.

Triturar los cereales crudos

Si deseas triturar los cereales crudos, lo ideal es germinarlos antes (véase el párrafo sobre la germinación en la p. 206), porque así te resultará más fácil triturarlos con una batidora de vaso, añadiendo un poco de agua para que se forme una masa, porque al germinar se habrán reblandecido. Una vez triturados los cereales, puedes extender la masa y secarla en horno para confeccionar una teja o bien alargarla y filtrarla para elaborar una bebida vegetal.

Triturar los cereales cocidos

Con los cereales cocidos, puedes elaborar un sinfín de purés o de cremas; en este libro encontrarás varios ejemplos. Los purés y las cremas aportan una textura untuosa que liga la receta y, al mismo tiempo, te permiten reutilizar cereales demasiado hechos o las sobras del día anterior.

Los copos de cereales

Los copos de cereales (especialmente los de avena, espelta o cebada) no solo sirven para hacer porridge o gachas. Resultan muy prácticos porque se cuecen y se hidratan mucho más deprisa que los cereales en grano. A la enorme ventaja que supone ganar tiempo y energía, se le suma otra: se pueden usar directamente para ligar una sopa, por ejemplo. Basta con incorporarlos a la preparación aún caliente antes de triturarla o removerla bien.

La *okara*

El residuo que se filtra cuando se elabora leche vegetal se llama *okara*. Es comestible y está lleno de nutrientes interesantes, ¡así que ni se te ocurra tirarlo! Puedes congelarlo o guardarlo unos días en la nevera. Se puede usar como sustituto del huevo (50 g de *okara* = un huevo), del pan rallado o para ligar las sopas una vez secado o dorado en el horno.

Las leches vegetales

En realidad, las llamadas «leches» vegetales son «jugos» de cereales (o de otros productos como oleaginosos o legumbres). Son bastante fáciles de preparar y requieren poco material: basta con una batidora de vaso muy potente y un colador recubierto con un cedazo (también puedes comprar una bolsita para leches vegetales en alguna tienda de alimentación ecológica, pero el cedazo funciona a la perfección).

Principalmente, existen dos técnicas para elaborar leches vegetales a base de cereales. La primera consiste en triturar los cereales crudos remojados (o cereales cocidos) con agua y filtrarlo todo con el cedazo. Así se prepara la leche de arroz. La segunda técnica, que acostumbra a usarse para elaborar la leche de avena, consiste en triturar los copos de cereales con agua y filtrarlo con el cedazo, saltándose el paso del remojo; ¡mucho más rápido e igual de delicioso!

Las leches vegetales a base de cereales se pueden conservar 2-3 días en la nevera. De manera natural se va a producir cierta decantación, dado que las partículas más pesadas caen al fondo del recipiente. No es grave: basta con agitar bien la botella de leche vegetal antes de servirla.

La conservación

Conserva los cereales en tarros herméticos; idealmente, protegidos de la humedad y de la luz. Aunque la inmensa mayoría de los cereales se conserven durante mucho tiempo, es preferible no esperar meses o años a consumirlos. Intenta no guardarlos al fondo de un armario, porque te olvidarás de su existencia.

Ojo: los cereales integrales se conservan menos tiempo que los semiintegrales o los refinados, porque todavía conservan el germen. Se pueden enranciar antes y no ser aptos para el consumo. Así, pues, presta atención a la fecha de caducidad que figura en el paquete.

Beneficios para la salud de los cereales

Jennifer Hart-Smith

Jennifer Hart-Smith es pastelera, naturópata y recientemente ha realizado estudios en fitología. Dirige un servicio de catering de París y es autora de los libros *Pastelería natural*, *Postres al vapor* y *Despensa natural*, publicados en francés por la editorial Marabout.*

* Publicados en 2019, 2020 y 2021, respectivamente.

«Todo es veneno y nada es veneno; solo la dosis hace el veneno», escribió Paracelso. La naturopatía me ha enseñado a no excluir ningún ingrediente, sino a elegirlos mejor. Para aprender a seleccionar bien lo que consumimos, es importante comprender cómo funciona el organismo, qué efectos tienen las diferentes familias de alimentos en la digestión y el metabolismo, y en qué medida la forma de cocinar tiene un impacto directo en la vitalidad, hasta el punto de conservar o de perjudicar la salud.

El consumo de cereales integrales o semiintegrales y el hecho de ir variando de cereales aporta glúcidos de buena calidad. Mientras que los azúcares de absorción rápida (el azúcar blanco, el chocolate...) provocan numerosos males cotidianos (hipoglucemia, diabetes, nerviosismo, obesidad, irritabilidad, fatiga, estrés), los cereales son una mina de azúcares de absorción lenta. Además, son ricos en vitaminas del grupo B (excepto la B12, presente en la proteína de origen animal), en fósforo y minerales, en fibras que aseguran un buen tránsito intestinal y en aceites de buena calidad en los gérmenes. Por último, los cereales son baratos y muy saciantes.

SACAR LO MEJOR DE LOS CEREALES

Es recomendable elegir cereales integrales o semiintegraltes, de producción local y exentos de productos químicos y fitosanitarios. Por otra parte, resultan más digestivos si antes se ponen en remojo para reducir el índice de ácido fítico, algo que facilita su digestión al activar el proceso de germinación y la presencia de enzimas esenciales.

Existen otras maneras de reducir o de desactivar el ácido fítico con el objetivo de que los cereales sean más digestivos: la cocción (en parte), la germinación, la torrefacción y la fermentación. Esta técnica tiene la ventaja de multiplicar el aporte de probióticos. La única condición para fermentar cereales es que sean integrales; así la fermentación puede ser espontánea.

Asimismo, resulta fundamental masticar bien los cereales, porque su digestión empieza en la boca, gracias a la amilasa salival que contribuye a degradar el almidón. Si no está bien salivado, el almidón fermenta y degrada la flora intestinal, afectando a la producción de neurotransmisores (el 95 % de los neurotransmisores se fabrican en el intestino). Entonces el sistema nervioso e inmunitario pierden rendimiento, porque la flora intestinal constituye la primera barrera inmunitaria.

EL LUGAR DE LOS CEREALES EN EL PLATO

Cuando se adopta una alimentación principalmente vegetariana, uno de los errores más frecuentes es entusiasmarse por los cereales hasta el punto de casi no comer nada más. Cuidado con la monomanía: jamás aporta equilibrio. Los cereales no pueden ser el único alimento ni la única fuente de nutrientes esenciales del organismo por la simple razón de que no los contienen todos. Es fundamental ir variando de cereales y que una parte significativa del plato esté constituida por alimentos crudos y vivos.

Además, conviene mezclar varios cereales, porque todos tienen un perfil nutricional distinto y propiedades que combinar. Por otra parte, es una idea magnífica tomar cereales y legumbres en la misma comida. Es lo que hacen los indios con el arroz y las lentejas, los asiáticos con el arroz y la soja y los mayas con el maíz y las alubias rojas. Los cereales contienen poca lisina, mientras que las legumbres apenas llevan metionina. Al mezclarlos en un mismo plato (70 % de cereales y 30 % de legumbres), se obtiene una proteína completa.

También se recomienda mezclar los cereales con productos oleaginosos, como semillas de sésamo o nueces. Los oleaginosos, al igual que las legumbres y los cereales, resultan más digestivos si antes se han puesto en remojo. Por el contrario, conviene reducir el consumo de proteínas fuertes como la carne roja si la misma comida incluye cereales. Como la carne y los cereales se digieren de manera distinta, el hecho de consumir una gran pieza de carne con una abundante porción de cereales entorpece el proceso digestivo.

Beneficios para el planeta

Los cereales se cultivan a lo largo y ancho del mundo. Francia es el primer productor de cereales de Europa y España, el sexto. Desde luego, ¡tenemos cereales de sobra! Entonces, ¿por qué se insiste en que se deberían consumir más para el medio ambiente? ¿Acaso no se comen suficientes?

Las cifras solo aportan una parte de la respuesta a la pregunta que, sin duda alguna, está mal formulada. En efecto, aunque se produzcan muchos cereales (solo en España, casi 15 millones de toneladas en 2022), todavía estamos lejos de lo óptimo, porque el objetivo sigue siendo producir en masa. Paradójicamente, pese a que los cereales son alimentos esenciales, apenas se valoran en el patrimonio agrícola.

Aunque exista una cultura cerealista milenaria, ¿no es extraño que, aparte del arroz del Delta del Ebro, el de Valencia y el de Calasparra, ningún otro cereal, salvo el gofio canario, tenga una denominación de origen protegida? Eso demuestra una asombrosa falta de interés por el grano, en un país que se enorgullece de la calidad de su pan y de sus dulces tradicionales. Hoy en día, la producción de cereales es fundamentalmente industrial y, por tanto, sigue la lógica del mercado, no la de los campesinos.

Asimismo, conviene recordar que no se comen todos los cereales que se cultivan. Una parte nada desdeñable de la producción cerealista está destinada a la industria de la alimentación animal, que es la mayor consumidora de cereales. Este hecho resulta capital en las reflexiones actuales y de las últimas décadas sobre la transición ecológica.

En efecto, la misma tendencia –sumamente inquietante– se observa a escala mundial: casi el 40 % de los cereales producidos en el mundo sirven para alimentar al ganado. En Estados Unidos, que es el país más extremo en este sentido, el porcentaje alcanza un 50 %. Cada vez se producen más granos, a pesar de que el consumo de cereales por estadounidense no ha dejado de reducirse desde la década de 1980.

CEREALES PARA ALIMENTAR AL SER HUMANO

El cálculo es muy sencillo: podríamos sustituir una parte del consumo de carne por cereales sin necesidad de cultivar más tierras; incluso ganaríamos con el cambio, al recuperar las tierras dedicadas al ganado para otras actividades o para recrear espacios naturales no explotados. Así, una parte de las superficies cerealistas actuales podría reconvertirse, dado que una persona come menos –¡muchísimo menos!– que un cerdo y, por tanto, podríamos alimentarnos correctamente produciendo menos de lo que se produce en la actualidad.

En lugar de seguir el modelo estadounidense de la fuga hacia delante, insostenible a largo plazo, podríamos beneficiarnos de una agricultura realmente sostenible. En efecto, la huella de carbono de los cereales es mucho menor que la de la cría de ganado. La agricultura no solo genera menos emisiones de gases de efecto invernadero, sino que los cultivos de cereales también almacenan carbono en el suelo y la planta. Además, para 1 kilo de producto final, requiere menos agua.

Ese círculo virtuoso, pues, permitiría favorecer y valorar una agricultura más sana, porque la producción cerealista moderna se ha convertido en un monstruo con procedimientos industriales que destruyen el medio ambiente y que incluso son nocivos para los consumidores. Siempre apuesta por las variedades más productivas y rentables, sin tener en cuenta su sabor, sus cualidades nutricionales o su resistencia ante toda clase de calamidades e imponderables climáticos, desde la sequía hasta las heladas.

Con el objetivo de potenciar el rendimiento de plantas que a menudo apenas están adaptadas al suelo donde se han plantado, la industria cerealista recurre al monocultivo intensivo, reforzado por el riego continuo, fertilizantes químicos, pesticidas y herbicidas. Los tratamientos químicos, además de contaminar la tierra, las aguas freáticas y las redes hidráulicas, por no hablar del organismo de los consumidores finales, vuelven a los productores sumamente dependientes de las multinacionales, favoreciendo una agricultura cada vez menos razonada y razonable.

LAS REGIONES Y LA DIVERSIDAD AL RESCATE DE LA PRODUCCIÓN CEREALISTA

El caso es que en Europa se cultivan muchos cereales, pero la inmensa mayoría de ellos en condiciones muy perjudiciales para el medio ambiente y para el futuro del sector agrícola, que se adentra en un largo callejón sin salida. La clave de una agricultura cerealista más sabia a menudo se encuentra en la historia de cada región: todo territorio tiene su propio clima, un suelo particular, unos insectos específicos y, por tanto, especies y variedades de cereales adaptadas.

En lugar de plantar las mismas semillas en todas partes, conviene diversificar los cultivos, devolverles el sentido en un paisaje que les conviene; no solo es infinitamente mejor para la naturaleza, sino también para nuestra alimentación. En resumidas cuentas, la solución no radica en consumir más cereales, sino en producirlos y comerlos mejor: variando de tipo, eligiéndolos por sus propiedades nutricionales, por su sabor, por su origen y por su forma de producción.

Si revalorizamos esos productos que constituyen la base de nuestra alimentación, si aprendemos a utilizar las versiones menos transformadas y tratadas de los cereales, contribuiremos no solo a la salud de nuestro organismo, sino también a una profesión que se merece algo mejor que los procedimientos industriales y, sobre todo, al futuro del planeta, que es único.

¡No vuelvas a tirar cereales!

Dosificar los cereales es más difícil de lo que parece. A menudo calculamos a ojo la cantidad necesaria para una comida, algo que puede resultar engañoso, porque los cereales se hinchan mucho al cocerlos. Además, como son muy saciantes, si cocinamos con hambre, tendemos a preparar más de la cuenta. Para colmo, como son baratos, tiramos los restos a la ligera...

Es un error: no solo derrochamos ingredientes perfectamente aptos para el consumo, sino que también derrochamos la energía y el tiempo que se ha dedicado a producirlos y cocerlos. Un cereal hervido puede tener una segunda vida y aprovecharse de numerosas maneras que le abrirán nuevos horizontes culinarios. ¡Así que no vuelvas a tirar cereales! Muchas de las recetas del libro se pueden elaborar con restos de cereales cocidos. A continuación, encontrarás otros consejos para prevenir el derroche y saborear hasta el último grano de los cereales.

EN ENSALADAS

Si te sobran cereales fríos, puedes conservarlos perfectamente en un tarro hermético en la nevera 3 días. Las ensaladas son una forma maravillosa de reutilizar los cereales fríos, que a menudo están un poco resecos.

Para sacar todo el partido a una ensalada a base de restos de cereales, puedes aderezarla con una vinagreta ligada con mostaza y un huevo, por ejemplo, que le aportará untuosidad. No dudes en añadir a la ensalada de cereales frutas y verduras jugosas, como tomates, pepinos, col o melocotones, que también le darán humedad y frescor.

EN SOPAS

Si una sopa o una crema te queda demasiado líquida o está compuesta por verduras sin demasiada consistencia, puedes añadirle una cucharada de copos de cereales, justo antes de triturar las verduras todavía calientes, o bien aprovechar restos de cereales fríos. Es una manera sencilla de espesar y enriquecer una crema o una sopa, incluso de convertirla en un plato único.

La *okara* (el residuo de los cereales que se obtiene después de triturarlos para preparar una leche vegetal) también permite espesar las sopas o las cremas. Añade una cucharada de *okara* justo antes de triturarlas. Incluso puedes rehogar un poco la *okara* en una sartén y todavía quedará más sabrosa.

Si prefieres masticar los granos, añade los restos de cereales cocidos o de *okara* justo después de triturar el resto, así podrás disfrutar de algo crujiente, una textura que a menudo falta en las cremas o las sopas.

EN GRATINADOS Y TARTAS

Puedes mezclar los restos de cereales cocidos el día antes o ese mismo día con verduras cocidas y una salsa, y volcarlo todo en una bandeja para el horno con un poco de queso. Solo queda gratinarlo antes de deleitarse. Esta clase de gratinados son muy fáciles de preparar por la noche, cuando uno no sabe qué cenar.

También puedes elaborar masas de tarta dulces o saladas a base de cereales cocidos, copos de cereales u *okara*, o bien añadir pequeñas cantidades a una masa de tarta a base de harina. Puedes triturar los granos, los copos o la *okara* para que la masa sea homogénea o bien dejarlos enteros, como prefieras.

SALTEADOS A LA SARTÉN

Algunos cereales como el arroz, si están demasiado cocidos y fríos, al día siguiente quedan deliciosos salteados a la sartén. En España no acostumbramos a saltear el arroz, pero es una técnica que permite hacer milagros con tres ingredientes de la nevera (o incluso del congelador) los domingos por la noche. Como la materia grasa potencia extraordinariamente el sabor, los cereales aún parecen más sabrosos.

Cualquier combinación es posible; déjate guiar por tus gustos, por la estación y por lo que tengas a mano. Por ejemplo, puedes preparar un exquisito salteado de arroz con champiñones y chalotas, o espelta pequeña rehogada con tomates y aceitunas, o restos de pollo asado con restos de cebada... De hecho, ¡sublimar los restos con otros restos todavía es mejor!

EN PURÉ O EN CREMA

Triturando cereales cocidos, puedes preparar purés o cremas que aportan untuosidad a otros platos, al mismo tiempo que reciclas cereales demasiado cocidos o restos del día anterior. Encontrarás esta técnica en numerosas recetas del libro. Si diluyes un poco los purés de cereales, puedes convertirlos en cremas que ligan toda clase de preparaciones.

EN SALSA

Los cereales hervidos no necesitan gran cosa para ser un manjar. A veces, basta con una buena salsa. Todas las salsas extraordinarias (o sencillísimas) que se preparan para la pasta también quedan de maravilla con otros cereales en grano. Así que no dudes en preparar tu salsa de tomate favorita y servirla mezclada con los restos de cereales recalentados. También puedes recalentar los cereales junto con la salsa.

CEREALES HINCHADOS

Asegurar que es fácil hinchar cereales cocidos en casa es exagerado, pero es verdad que algunos cereales se prestan mejor que otros a esa preparación, como el trigo sarraceno demasiado hecho, por ejemplo. Dóralo en una sartén con un poco de mantequilla clarificada y los granos de trigo sarraceno se hincharán poco a poco, desprendiendo aromas a miel.

EL AGUA DE COCCIÓN DE LOS CEREALES

Me encanta guardar el agua del lavado del arroz y de la cocción de los cereales para preparar mi caldo de pollo particular, es decir, mi caldo de cebada o de trigo sarraceno. Es sabroso y tiene una textura ligeramente espesa por el almidón. Se puede beber tal cual, caliente o frío, como entrante. También se puede usar para preparar una sopa o cocer verduras.

Elegir bien los cereales

Idealmente, todos querríamos tener a mano los mejores cereales, seleccionados por su valor nutricional, por sus cualidades gustativas y por su reducido impacto ecológico. Pero no siempre es así: como la oferta es inmensa, a menudo engañosa, a veces cuesta decidirse. Hoy en día, se venden cereales en todas partes: en supermercados, en tiendas de alimentación ecológica, en colmados de barrio... A continuación, encontrarás algunos consejos para elegir sabiamente entre lo óptimo, lo bueno, lo mejor y lo no tan malo.

¿INTEGRALES O REFINADOS?

Un cereal completo, procedente de plantas como la avena, la cebada, el arroz o el trigo, es aquel que conserva las tres partes del grano, a saber:
• la cáscara del grano, llamada «salvado», que es rica en fibras;
• el germen, que contiene los nutrientes (antioxidantes, minerales, etc.);
• y el cuerpo principal, llamado «endospermo», muy rico en glúcidos.

Esos granos enteros pueden consumirse aplastados, reventados, en copos o molidos (principalmente, en forma de harina).

Como conservan todos sus componentes, los cereales integrales conservan toda la fibra, contenida principalmente en el germen y el salvado, que favorece el tránsito intestinal y contribuye a prevenir los cánceres ligados al aparato digestivo (como el cáncer colorrectal). Además, los cereales integrales son más ricos en vitaminas del grupo B y E, en minerales (hierro, magnesio, zinc, potasio, selenio) y en ácidos grasos esenciales. Por último, tienen un índice glucémico más bajo: los cereales integrales resultan más saciantes que los refinados y provocan menos subidas del índice de azúcar en la sangre.

En cuanto a los cereales refinados, se les ha extraído el salvado y el germen del grano, algo que permite obtener texturas o productos más ligeros, que conservan mejor el frescor, o, en el caso de la pasta de arroz, que tardan menos en cocerse que los cereales enteros.

CEREALES HERMOSOS

Si los cereales se ven, obsérvalos bien: no todos son iguales. Si el fondo del paquete está lleno de migas y de polvo, significa que el grano se ha estropeado. Elige cereales cuyos granos estén intactos y no presenten fisuras, ni brechas. Además, observa su color: cada cereal, pelado o entero, tiene un color característico, que puede cambiar según la variedad y la región, pero el hecho de que tenga un bonito color homogéneo acostumbra a ser una buena señal.

APUESTA POR LO LOCAL

En este libro, he querido reivindicar cereales que crecen en España, salvo el *freekeh*, que procede de Palestina. En España, existe una tradición cerealista que debería volver a ponerse de moda a través de la agricultura ecológica. Hoy en día, cada vez más productores de cereales se comprometen con su región y en las tiendas de los alrededores se pueden comprar cereales endémicos, generalmente de cultivo ecológico.

Para el consumo diario, es preferible elegir cereales producidos en España y comprarlos en tiendas de alimentación ecológica. En los supermercados orientales también se puede encontrar una gran oferta de cereales, porque la gastronomía oriental es mucho más rica y variada en cuanto a cereales. Por desgracia, esos granos suelen venir de lejos y raras veces son ecológicos.

Elegir bien las harinas

No siempre es fácil elegir bien la harina. Como los paquetes suelen ser opacos, impiden ver el producto y hay que fiarse de las etiquetas. Por suerte, estas contienen suficientes datos como para acertar en la elección. Para empezar, comprueba que la harina sea ecológica. Es especialmente importante en el caso de las harinas semiintegrales o integrales, que conservan la cáscara del trigo, dado que en la agricultura convencional se trata mucho el trigo y lleva pesticidas. En segundo lugar, lee bien la lista de ingredientes: una buena harina no debe llevar ningún aditivo.

Por último, comprueba la fecha de caducidad. Aunque pueda parecer innecesario en el caso de la harina, es al contrario: cuanto más fresca, mejor será.

LA HARINA DE TRIGO

Si observas con detenimiento los paquetes de harina, encontrarás la abreviación «T», que significa «tipo» e indica el contenido en minerales por 100 g de materia seca. La clasificación va desde la T45 (la más blanca) hasta la T150 (la más completa).

La harina integral aporta más nutrientes, dado que conserva la cáscara del trigo. La harina T150 contiene el triple de minerales (hierro, potasio y magnesio), cinco veces más de fibra y un poco más de vitaminas B que una harina T45. Además, presenta un índice glucémico más bajo. Sin embargo, la harina de trigo lleva fibras insolubles que pueden resultar irritantes para los intestinos sensibles.

¿QUÉ HARINA ELEGIR PARA BIZCOCHOS, TARTAS O CREPES?

Para la pastelería, se recomienda especialmente la harina de trigo T55, que sube bien. Para las crepes, se puede mezclar una harina más completa con otra más refinada (30 % de harina integral por 70 % de harina refinada). Para toda clase de bizcochos, magdalenas o galletas, puedes usar únicamente la harina T80.

LAS OTRAS HARINAS

En el libro encontrarás otras harinas: de trigo sarraceno, de avena o incluso de maíz. En algunas recetas, como la de crepes de trigo sarraceno (p. 34) o de galletitas de mantequilla y harina de maíz (p. 151), puedes usar únicamente harinas sin gluten. Pero esas no suben; se dice que no son panificables. Por tanto, conviene mezclarlas con otras harinas para obtener un sabor y una textura mejores.

HARINAS DE CEREALES SIN GLUTEN

Amaranto, maíz, mijo amarillo y marrón, quinoa, trigo sarraceno, arroz.

HARINAS DE CEREALES CON GLUTEN

Avena, trigo, espelta, cebada, espelta pequeña, centeno.

¿Dónde comprar los cereales?

SUPERMERCADOS ASIÁTICOS

Los mejores arroces glutinosos se producen en Japón, Tailandia y todo Extremo Oriente.

SUPERMERCADOS DE ORIENTE PRÓXIMO

Los supermercados de Oriente Próximo acostumbran a ofrecer una gran variedad de cereales, que permiten descubrir variedades poco conocidas por estas latitudes y, sobre todo, imaginarse nuevas maneras de prepararlos. Por ejemplo, venden distintos tipos de bulgur, más o menos gruesos, o granos de cebada más grandes. Allí encuentro mucha inspiración e ideas para «investigar» recetas orientales y mediterráneas. Sin embargo, los cereales son importados y generalmente procedentes de la agricultura convencional.

SUPERMERCADOS

En el libro, he intentado valorizar los cereales enteros no industriales ni refinados. Por desgracia, en la mayoría de supermercados apenas se encuentran. De todas formas, si te ves en la tesitura de tener que comprar cereales en un supermercado convencional, elígelos siempre sin aditivos y, preferiblemente, de cultivo local. Por suerte, la sección ecológica de los supermercados cada vez está más surtida y la oferta de cereales integrales es mucho más variada que hace unos años.

TIENDAS DE ALIMENTACIÓN ECOLÓGICA

Hoy en día, son el mejor lugar para encontrar cereales que cumplan todos los criterios que he apuntado: sin aditivos sospechosos, sin tratamientos químicos, generalmente producidos por marcas con principios éticos y a menudo locales, incluso muy locales en algunas tiendas o cooperativas. Además, esas tiendas disponen de una oferta bastante variada, con numerosas opciones integrales o semiintegrales. Desde luego, sale un poco más caro, pero nada que ver con lo que uno está dispuesto a pagar por un buen queso, una buena carne o un buen pescado...

Direcciones recomendadas

La mejor manera de comprar los cereales es acudiendo a un productor ecológico, pero eso no siempre es fácil para los consumidores urbanos o sin productores cerca. En general, en cualquier tienda o supermercado ecológico encontrarás una amplia gama de cereales. A continuación tienes una breve lista oritentativa tanto de supermercados y tiendas ecológicas como de destacadas panaderías de dos de las principales ciudades españolas.

Existe una marca española de cereales ecológicos producidos en España:
• **SILOS CANFRANC**

Supermercados y tiendas ecológicas de Barcelona
GRA DE GRÀCIA
www.gradegracia.cat

MOLSA
www.molsa.bio.es

OBBIO
www.obbiofood.es

VERITAS
www.veritas.es

Panaderías de Madrid
ACID BAKEHOUSE
Calle de la Magdalena, 27,
28012 Madrid
www.acidcafe.es

DOBLE UVE OBRADOR
Calle de Antonio Arias, 5
28009 Madrid
www.dobleuveobrador.com

OBRADOR SAN FRANCISCO
Carrera de San Francisco, 14
28005 Madrid
www.instagram.com/obradorsanfrancisco

LA MIGUIÑA
Calle Teruel, 26
28020 Madrid

Panaderías de Barcelona
ORIGO BAKERY
Calle Milà i Fontanals, 9
08012 Barcelona
www.origobakery.com

FORN IDEAL
Calle Ramón y Cajal, 120
08024 Barcelona

BALUARD
Varias direcciones
www.baluardbarceloneta.com

TURRIS
Varias direcciones
www.turris.es

MONTSERRAT FORNERS
Calle Castillejos, 366
@motserratforners

FORN MISTRAL
Calle d'Astúries, 35
fornmistral.com

BOLDÚ
Varias direcciones
boldu.es

Agradecimientos

Mientras llevo a cabo las últimas relecturas del libro, el otoño ha recubierto con su manto todo el paisaje y los campos de cereales aguardan pacientemente a que regrese el sol y el calor de las estaciones más apacibles.

Amo profundamente el ritmo de las estaciones y la impermanencia natural que se impone a las mujeres y los hombres que trabajan la tierra. Sin ellos, los cocineros no seríamos nada. Mis primeros agradecimientos, pues, están dirigidos a aquellas y aquellos que han convertido su relación con la naturaleza en el corazón de su vida. Mis más sentidas gracias a Philippe Guichard, un productor que, junto a su mujer Georgette, cultiva con gran autenticidad cereales y legumbres en su granja de Couderc en Lot y Garona. Muchísimas gracias a Valentine Franc, que ha sabido revitalizar con brillantez la tierra y los campos de la granja de Montaquoy y que siempre me abre las puertas de su granja con tanta generosidad. También pienso con admiración en el trabajo de Pierre Gayet, cuyas maravillosas verduras y hierbas siempre me dan una inmensa alegría al abrir sus paquetes.

También pienso en Xavier Fender de la granja Les Limons de Toulotte, a quien agradezco su fidelidad y su compromiso conmigo.

La gastronomía parisina no sería lo que es sin la perseverancia de Samuel Nahon y de Alexandre Drouard de Terroirs d'Avenir. ¡Gracias a los dos! No me olvido de alabar el trabajo de Roï Hendel, el fundador de la tienda Épices Shira, que me descubrió el *freekeh*, al que no puedo resistirme. ¿Para cuándo *freekeh* francés?

Mi más sincero y caluroso agradecimiento es para mis compañeros de cordada, que forman parte de mi vida desde hace mucho tiempo y recientemente también de esta aventura cerealista. Lysandre Le Cléach jamás ha renunciado a su exigencia constante. La coherencia y la precisión de este libro le deben mucho. ¡Mil gracias! Muchísimas gracias también a Aleksandra Miletic por sus ilustraciones, que ponen los cereales en movimiento y aportan la claridad necesaria a las técnicas culinarias. Pauline Gouablin nunca dejará de asombrarme ni de hacerme sonreír. Trae una corriente de poesía y de sensibilidad a mi trabajo. También quiero agradecer a Camille Oger que quisiera acompañarme con su pluma diestra, erudita y entregada en la redacción de esta obra. Conocía su trabajo desde hacía tiempo y me alegro de que aceptara caminar junto a mí.

Deseo agradecer a Ryma Bouzid, de Flammarion, que creyera en este proyecto y lo acompañara. Tenerla de editora es un lujo.

Este libro está en deuda con Ariane Geffard, mi extraordinaria agente. Fue ella quien tomó las riendas del proyecto y supo darle vida. Gracias por sus consejos, sus convicciones y sus llamadas reconfortantes. Auriane Roussel también desempeñó un gran papel. Estoy orgullosa de contar con ellas.

Creo que siempre recordaré el verano que he pasado cocinando para imaginar las recetas del libro. Aurore Bonami y Aurélien Royer, que participaron en las sesiones, son unos cocineros con un talento más que prometedor. Se lo agradezco con estas líneas. Laurène Barjhoux, mi segunda de a bordo, también ha formado parte de esta aventura de distintas maneras. Gracias por su gran fuerza, su fidelidad y su apoyo. Gracias también a mi equipo de cocina del Elsa, que me permitió dedicarme al libro.

Natacha Collet y Jennifer Hart-Smith me prestaron un trozo de su cocina profesional para preparar el libro. Gracias por su generosidad. Además, Jennifer me aportó mucho en mi aproximación a los cereales. Gracias por desempeñar un papel tan fundamental. Thibault Van Elslande, por su parte, nos dejó las decoraciones y los fondos para las fotografías. ¡Gracias! Gracias a ambos por las flores más bellas del jardín.

Gracias también a Léa Guetta y a Marion Graux por su gran generosidad. Sus magníficas cerámicas han aportado una vibración especial a las recetas del libro.

Me resulta imposible terminar el libro sin un pensamiento por aquellos que me han transmitido el conocimiento del gusto. El chef Pascal Barbot sigue siendo para mí un punto de referencia constante que brilla por la calidad de su pensamiento sobre la cocina. ¡Gracias! Un agradecimiento muy particular a Dan Barber, que me descubrió que los cereales pueden ocupar un lugar destacado en el plato de un restaurante gastronómico.

Desde luego, me he imaginado tantísimas veces a Héloïse Talard preparando las recetas del libro...

Un saludo a Marianne Carbonnel y a Adrien Ferrand. Desde hace tiempo, son testigos privilegiados de un florecimiento paulatino pero cierto. Parte del mérito es suyo.

Por supuesto, pienso en mi abuela Jacqueline, en sus tartas de ciruelas, sus rebanadas de pan tostado con mermelada y sus bizcochos de yogur.

También pienso en mi madre, Patricia, que me dio mis primeros cuencos de trigo sarraceno. Su gran sensibilidad me acompaña todos los días.

Y en mi padre, Bernard, que siempre me apoya, sea espadachina, cocinera cerealista o cronista de radio.

Gracias a Johann Barichasse por su amistad inquebrantable y sus relatos de recetas de abuelas, que son la mejor fuente de inspiración.

Por último, gracias a Nicolas, que siempre me ayuda a construir y encontrar más campos libres.

Índice de cereales

Índice de recetas

La edición original de esta obra ha sido publicada en Francia
en 2022 por Flammarion, con el título

Céréales

Traducción del francés
Palmira Feixas

Av. Diagonal, 402 – 08037 Barcelona
www.cincotintas.com

Primera edición: noviembre de 2023

Impreso en España por Liberdúplex
Depósito legal: B 17258-2023
Código Thema: WBA
Cocina general y recetas

ISBN 978-84-19043-33-7